ゼロからはじめる

建築の[法規]入門

入門

【第3版】

原口秀昭著

彰国社

装丁＝早瀬芳文
装画＝内山良治
本文デザイン＝鈴木陽子
編集協力＝涌井彰子

はじめに

建築の勉強の中で、もっともつまらなく退屈なのが建築法規です。大学院時代に1級建築士の試験勉強をしていたころ感じたことですが、いまだにそう信じて疑いません。しかし建築法規を抜きにして建築デザインを考えるのは、現実の設計では意味をなしません。

建築基準法は複雑怪奇で、法文を読んでいてもこれは日本語かと思うようなことも多々あります。長い文章の中に、ただし書きや、（　）が多く挟み込まれていて、二重否定のような関係の法文もあり、煩雑このうえありません。大地震、大火災のあるたびに改正され、法を犯す建築士が出たら改正し、考え方や技術の変化とともに変更され継ぎ足されてきた膨大な量の条文です。増改築を何度も繰り返した昭和初期の温泉旅館のように、複雑に入り組んでいます。建築指導課の方までがマニュアル本を参考にしている光景を、何度も目にしています。

もともと建築は人間の知恵、雑学の集大成のようなところがあり、建築物というもの自体にありとあらゆるものが含まれています。その雑学を統制するルールが建築基準法なので、数ある法律の中でも、群を抜いてややこしくなっています。設計のベテランほど、頭の中は基準法令や告示でいっぱいになっているはずです。

初学者には建築基準法はハードルが高く、デザイン志向の学生のモチベーションを下げる要因のひとつとなっています。また、美術系の人が建築デザインを学ぼうとする際、材料、構造、構法、ディテールなどの技術的知識以上に、建築法規が大きな参入障壁となっていると思われます。

ブログ(https://plaza.rakuten.co.jp/mikao/)で建築の話を毎日1頁程度、学生に公開して、毎日読むようにさせていました。それを集めて本にすることを続けていたら、「ゼロからはじめる」シリーズとなり、中国、台湾、韓国でも出版されるようになりました。編集者さんから法規の本の執筆を依頼されたとき、法規にあまり良い感情をもたない筆者にとって、よりわかりやすく面白く法規について書く、絵にするというのはチャレンジでした。

執筆に当たっては、退屈な建築法規の話を、面白く、楽しく、わかりやすく、実践で役に立つように書く、目に見えるものを例にして書く、個別具体的、実践的な話を書く、長い文章は学生から嫌われるので、文章はなるべくやさしく短くすることを心がけました。そして、補足的な説明文、長い説明文は、イラストの下に小さな文字で入れました。説

明文を読まなくても、短い本文とマンガ付きイラストで、一気に読み進められるように工夫しました。

手続き規定は最小限にして、実体規定をメインに書いています。法規のアウトライン、道路、敷地、用途、面積、高さ、防火、避難、居室、構造という順で、大ざっぱには集団規定から単体規定へと話を進めています。特に面積、高さ、防火、避難など、初心者に難しい部分、実務で重要な部分に頁数を割きました。

建築士や宅建受験者のために、スーパー記憶術も随所に付けておきました。各頁に付く番号のRは、ボクシングの1試合をイメージしました。1R（ラウンド）3分程度で次に進んで下さい。難しく感じる頁は、最初は読み飛ばして先に進みましょう。本書を見て読んで建築法規の概略を頭に入れた後に、拙著『建築法規スーパー解読術』（彰国社）を読んで、法令集の読み方をマスターし、細かい法規の内容を自力で調べられるようにすることをおすすめします。

本書の企画を立ち上げていただき、法規という難物にチャレンジする気を起こさせてくれた中神和彦さんと彰国社編集部の尾関恵さん。尾関さんには原稿整理、法令のチェック、並べ替えなどの煩雑な作業をしていただきました。それから何度もお教えいただいた専門家の方々、建築家の方々、ブログの読者の方々。基本的な質問をぶつけてくれ、一緒に語呂合わせを考えてくれた学生の皆さんにこの場をお借りしてお礼申し上げます。本当にありがとうございました。

なお、平成31年以降多くの法改正があり、このたび第3版の出版となりました。引き続きご愛顧のほど、よろしくお願いします。

2021年5月　　　　　　　　　　　　　　　　　　　　原口秀昭

も　く　じ

CONTENTS

はじめに…3

[凡例]
本書においては、下記のように省略を行った。

法	→	建築基準法
令	→	建築基準法施行令
規	→	建築基準法施行規則
建告	→	建設省告示。昭和は昭、平成は平と略記
国交告	→	国土交通省告示
国住街	→	国土交通省住宅局市街地建築課通達
住指発	→	建設省住宅局建築指導課長通達
住建発	→	建設省住宅局住宅建設課長通達
都計法	→	都市計画法
都計令	→	都市計画法施行令

[例]

令 112・4・一　→　建築基準法施行令第 112 条第 4 項第一号（法令の
　　　　　　　　　　項は算用数字、号は漢数字）

昭 61 住指発 115　→　昭和 61 年建設省住宅局建築指導課長通達第 115
　　　　　　　　　　号

[参考文献]

適用事例集 2017　→　日本建築行政会議編『建築確認のための基準総
　　　　　　　　　　則・集団規定の適用事例　2017 年版』

ゼロからはじめる

建築の [法規] 入門
第 3 版

Q 建築基準法の目的は？
　　▼
A 建築物の最低基準を定めて、公共の福祉の増進に資することです。

🔷 建築基準法は建築物の最低基準です。守るべき最低限のルールで、その最低の基準を下回ってはいけないと記されています。

• 法1には「この法律は、建築物の敷地、構造、設備及び用途に関する最低の基準を定めて、国民の生命、健康及び財産の保護を図り、もつて公共の福祉の増進に資することを目的とする」と書かれています。

Q 法律と条例、どう違う?

A 国会の議決を経て制定される法が法律で、地方公共団体の議会の議決を経て制定される法が条例です。

法律は国のルール、条例は地方公共団体のルールです。地方公共団体とは、都道府県、市区町村です。

[スーパー記憶術]
ボジョレーヌーボーは地方でできる
　　条例　　　　　　地方公共団体

1
法規のアウトライン

国
国会の議決を
経て制定される

地方公共団体
(都道府県・市区町村)
地方公共団体の議会の
議決を経て制定される

- たとえば東京都千代田区で建築する場合は、建築基準法のほかに、東京都の条例と千代田区の条例のすべてに従わなければなりません。特定の法律に関係する条例の場合、横出し(適用範囲の拡大)、上乗せ(基準の強化)があります。建築関連の条例では、東京都の安全条例が有名です。

- (準)都市計画区域外では、市町村の条例で、逆に制限を緩和することもできます(法41)。

Q 建築基準法施行令（しこうれい）とは？

▼

A 建築基準法に関連する技術的基準などを定めた、内閣の発する政令（命令）です。

🔲 建築基準法は国会の議決を経て制定される法で、建築基準法施行令は内閣の発する命令です。

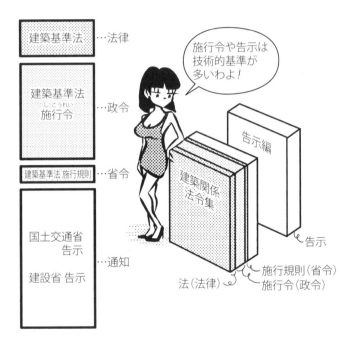

- 施行は「しこう」と読み、実行すること、法令の効力を発生させることを意味します。建築関係法令集では、建築基準法の後ろに建築基準法施行令が付けられています。実務では区別して考えることはほとんどありません。法令集を引くときは、建築基準法の別表や建築基準法施行令を見ることが多くなります。
- 「建築基準法施行規則」は各省の大臣が発する省令（命令）、「告示」は各省が一般に向けて行う通知となります。「法律→政令→省令→通知」の順に対応して、「建築基準法→建築基準法施行令→建築基準法施行規則→国土交通省告示など」となります。

Q 条文の数字には、どのような配列形式（ヒエラルキー）がある？

A 条、項、号の順に構成されています。

条、項は算用数字、号のみ漢数字です。第1項の1は省略されて、法令集には書かれていません。

[スーパー記憶術]
号の真ん中の線は横一
<u>漢数字</u>

```
条 ┬ 1項 ┬ 一号
   │     ├ 二号
   ├ 2項 └ 三号
   └ 3項
```

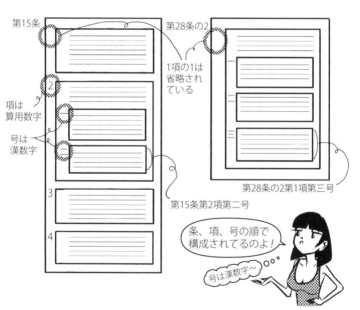

第15条

第28条の2

1項の1は省略されている

項は算用数字

号は漢数字

第28条の2第1項第三号

第15条第2項第二号

条、項、号の順で構成されてるのよ！

号は漢数字〜

1

法規のアウトライン

● 条文は、<u>章</u>、<u>節</u>でグルーピングされています。

Q 手続き規定と実体規定とは？

▼

A 各種申請、確認、許可、検査、協定などの手続き、制度を定めたのが手続き規定、建築物の具体的、技術的な基準を定めたのが実体規定です。

 手続き規定は制度規定ともいわれます。法の1章が手続き規定、2章、3章が実体規定です。この「手続き→実体」の流れは重要です。3章の2の型式適合認定等、4章以降の建築協定などは、再び手続き規定になります。

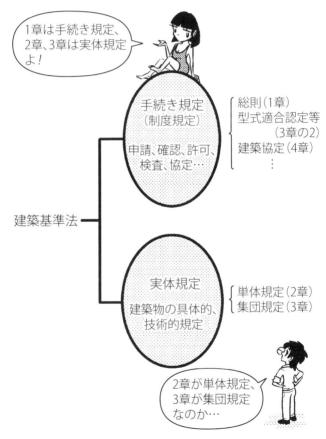

• 実体規定は、2章は個々の建築物の規定である単体規定、3章は街づくりの規定である集団規定です。初心者の場合は、集団規定から勉強をはじめるとよいでしょう。

Q 単体規定と集団規定とは？

▼

A 個々の建築物の基準が単体規定、街づくりのための基準が集団規定です。

🧊 建築物の実体の基準、実体規定は、2章の単体規定と3章の集団規定に分かれます。

[スーパー記憶術]
参集した集団
3章　　集団規定

1

法規のアウトライン

- 単体規定は、一般構造、構造強度、防火、避難、設備などに関する最低基準を定めています。集団規定は、道路、用途、面積、高さ、防火地域などについて定めています。単体規定は個別の建物への規制、集団規定は都市における土地利用の調整、環境保護のための規制です。

Q 2章の単体規定、3章の集団規定の内容は？

▼

A 単体規定は一般構造、構造強度、防火と避難、建築設備の規定などで、集団規定は道路と敷地、用途制限、面積、高さなどの形態規制などです。

採光、換気、天井高、床高、防湿、界壁、廊下、階段などの建築物の一般的な構造を、建築基準法では「一般構造」と呼んでいます。建ぺい率、容積率、斜線制限、日影規制などは、地域によって規制される形態規制で集団規定に分類されます。

2章 単体規定	一般構造	採光、換気、天井高、床高、防湿、界壁、廊下、階段…
	構造強度	W造・CB造・S造・RC造・SRC造の仕様規定、構造計算規定
	防火と避難	(準)耐火(防火)建築物(構造)、内装制限、防火区画、(2以上の)直通階段、(特別)避難階段、排煙、非常用照明…
	建築設備	給水・排水設備、換気設備、ELV…

3章 集団規定	道路と敷地	建ぺい率、容積率は集団規定よ！
	用途制限	
	形態規制	面積制限（建ぺい率／容積率）　高さ制限（絶対高さ／斜線制限／日影規制）

● 初心者は、道路と敷地、用途制限、形態規制から先に勉強するといいでしょう。

Q 単体規定（2章）、集団規定（3章）の適用されるエリアは？

A 単体規定は全国、集団規定は<u>都市計画区域、準都市計画区域</u>で適用されます。

集団規定のあらましは、区役所、市役所などで販売されている<u>都市計画地図</u>にて確認できます。地図を塗り分けして、全体から網を掛けるように規制するのが集団規定です。

[スーパー記憶術]
参集した集団、　都市をつくる
3章　集団規定　都市計画区域

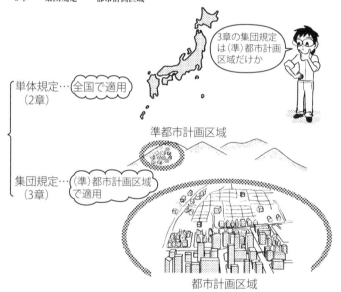

3章の集団規定は（準）都市計画区域だけか

単体規定…全国で適用
（2章）

準都市計画区域

集団規定…（準）都市計画区域で適用
（3章）

都市計画区域

- 法41の2に「この章（第8節を除く。）の規定は、都市計画区域及び準都市計画区域内に限り、適用する」とあります。<u>（準）都市計画区域外では、原則として3章の規定は適用されません。</u>
- 都市計画区域とは、一体の都市として総合的に整備し、開発し、および保全する必要がある区域として、都道府県が指定した区域のことです（都計法5・1）。
- 準都市計画区域とは、郊外の都市計画区域外で、無秩序な土地利用を規制する場合に、都市計画区域に準じる区域として都道府県が指定した区域のことです（都計法5の2）。
- （準）都市計画区域外でも、条例によって、道路、面積、高さなどの集団規定を適用させることができます（法68の9・1）。

Q 都市計画区域を線引きした区域は？

A 市街化区域、市街化調整区域、非線引き区域です。

既成市街地、および優先的、計画的に市街化を図る区域を、市街化区域とします。市街化を抑制すべき区域を市街化調整区域とします。線引きされていない区域は、未線引き区域または非線引き区域と呼ばれます。

- 都計法7・1に「都市計画区域について無秩序な市街化を防止し、計画的な市街化を図るため必要があるときは、都市計画に、市街化区域と市街化調整区域との区分（以下「区域区分」という。）を定めることができる」とあります。
- 都計法7・2に「市街化区域は、すでに市街地を形成している区域及びおおむね10年以内に優先的かつ計画的に市街化を図るべき区域とする」とあり、都計法7・3に「市街化調整区域は、市街化を抑制すべき区域とする」とあります。

Q 市街化区域を分割した地域は？

A 用途地域です。

都市計画区域で指定された市街化区域は、さらに用途地域に区分されます。市街化調整区域には、原則として用途地域は定められません。

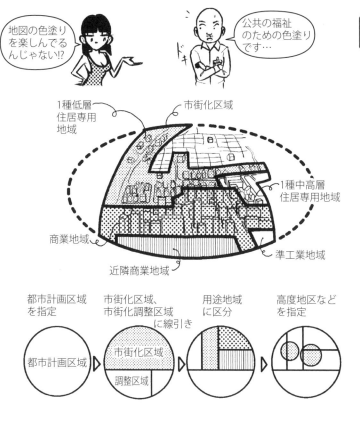

- 市街化区域には、特別用途地区、高度地区などが定められることがあります。
- 市街化区域には必ず用途地域が定められます。その上に重ねるように、部分的に特別用途地区、高度地区などが定められます。

1 法規のアウトライン

Q 建築物とは？

A 土地に定着する工作物のうち、屋根と柱もしくは壁を有するものです。

土地にくっついている工作物のうちで、屋根があってそれを支える柱か壁があるものが建築物です。その建築物に付属する門、塀も建築物となります。独立した門、塀は建築物ではありません。

- 建築物の定義は、法2・一にあります。「土地に定着する工作物のうち、屋根及び柱若しくは壁を有するもの」と表現されています。
- 列車は動くので建築物ではありませんが、列車を土地に止めてレストランやホテルにすると、土地に定着することになって、建築物になります。
- その他、競技場、野球場などの観覧席、地下や高架下につくられた店舗、事務所、倉庫、建築物に付属する設備も建築物です。なお、駅のホームの屋根や鉄道をまたぐブリッジ（跨線橋：こせんきょう）は建築物になりません。

Q 建築物と<u>工作物</u>の関係は？

▼

A 建築物は工作物に含まれます。

人間がつくったものが工作物。その工作物のうち、土地に定着して、屋根＋壁、または、屋根＋柱であるものが建築物です。つまり、建築物⊂工作物となります。

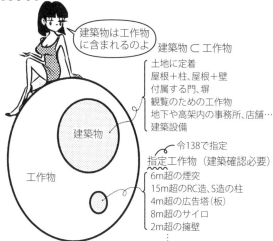

建築物は工作物
に含まれるのよ

建築物 ⊂ 工作物

土地に定着
屋根＋柱、屋根＋壁
付属する門、塀
観覧のための工作物
地下や高架内の事務所、店舗…
建築設備

令138で指定
指定工作物（建築確認必要）
6m超の煙突
15m超のRC造、S造の柱
4m超の広告塔（板）
8m超のサイロ
2m超の擁壁
：

- 指定工作物とは令138で指定された工作物で、建築物ではないのに、建築確認（法6）を受けなければならないなど、建築基準法の一部が適用されます。

[スーパー記憶術（指定工作物の種類）]

<u>煙</u>　<u>ムクムク</u>
煙突　6m超

<u>重厚</u>　な　<u>柱</u>
15m超　RC造・S造の柱

<u>広告</u>　を　<u>読め！</u>
広告塔（板）　4m超

サイロから蜂が出る！
　　　　8m超

土が逃げないようにつくる壁
2m超　　　　　擁壁

- 特定工作物とは、建設するのに開発許可が必要な工作物です（都計法4・11）。コンクリートプラントなどの環境の悪化をもたらすおそれのある第1種特定工作物と、ゴルフコースなどの大規模な第2種特定工作物があります。

Q 特殊建築物とは？

A 不特定多数の人が集まる建築物、宿泊・就寝を伴う建築物、危険度の高い建築物などのことです。

> 法2・二に規定されていますが、より具体的には法別表1と令115の3に項別に整理されています。法別表1の項番号は、覚えてしまうと法令集を読むのに便利です。令115の3は忘れやすいので、注意して下さい。

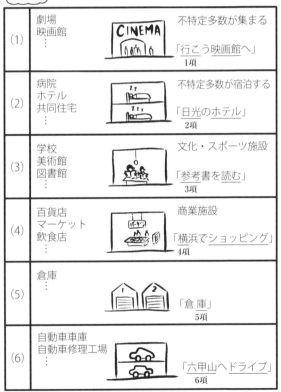

法別表1 ：特殊建築物の表

(1)	劇場 映画館 ：	CINEMA	不特定多数が集まる 「行こう映画館へ」 1項
(2)	病院 ホテル 共同住宅 ：		不特定多数が宿泊する 「日光のホテル」 2項
(3)	学校 美術館 図書館 ：		文化・スポーツ施設 「参考書を読む」 3項
(4)	百貨店 マーケット 飲食店 ：		商業施設 「横浜でショッピング」 4項
(5)	倉庫 ：		「倉庫」 5項
(6)	自動車車庫 自動車修理工場 ：		「六甲山へドライブ」 6項

- 1項は不特定多数が集まる施設、2項は宿泊・就寝を伴う施設、3項は文化・スポーツ施設、4項は商業施設、5項は倉庫、6項は自動車の施設です。工場は別表にはありませんが、用途制限や他の法令で多くの規制がされています。
- 幼稚園は学校、保育所は児童福祉施設等（令19・1）になります。児童福祉施設は、保育所、幼保連携型認定こども園など12種の施設があります。

Q 特殊建築物ではない建築物は？

▼

A 住宅（戸建て住宅）、長屋、事務所、市役所、神社、仏閣などです。

住宅以外はほとんど特殊建築物で、現在では「特殊」とはいえなくなってきています。そこで特殊建築物でないものを覚えておくと便利です。特に長屋と事務所が特殊建築物ではないことは覚えておきましょう。

- 長屋は特殊建築物ではないため、共同住宅よりも規制はゆるくなります。そのため条例で規制をかけているところが多々あります。
- シェアハウスは寄宿舎となり、別表1・(2) 項用途の特殊建築物となります（平25住指発4877）。
- 研究所は特殊建築物ではありませんが、大学、工場の一部としての研究所は、大学、工場と同様に特殊建築物となります。最終的には各行政庁の判断となります。
- 法2・二、法別表1、令115の3に列挙されていない建築物が上記のものとなります。令115の3は見落としがちなので、注意しましょう。

Q 建築基準法が適用除外や制限緩和される建築物は？

A 下図のように、<u>国宝</u>、<u>重要文化財</u>、<u>簡易な構造の建築物</u>、<u>仮設建築物</u>、<u>既存不適格建築物</u>などです。

壁のない自動車車庫、屋根を帆布（はんぷ、テント）としたスポーツ練習場などは、簡易な構造の建築物です。災害地の応急仮設建築物、工事現場の事務所、下小屋（したごや）、材料置き場、博覧会のパビリオンなどは仮設建築物です。

建築基準法を
全部免除されたり
一部免除されたり
するのよ！

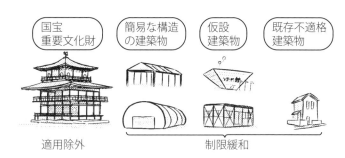

| 国宝 重要文化財 | 簡易な構造 の建築物 | 仮設 建築物 | 既存不適格 建築物 |

　　適用除外　　　　　　　　　　　　制限緩和

- 国宝、重要文化財については法3に、建築基準法はすべて適用除外とあります。簡易な構造の建築物は法84の2、仮設建築物は法85に、一部規定を適用しなくてよいと書かれています。
- 被災市街地で土地区画整理事業のために必要があると特定行政庁が認めた場合は、建築の制限や禁止をされることがあります（法84）。
- 仮設建築物は種類に応じて存続期間が3カ月以内、1年以内などと定められています。それを超える場合は、特定行政庁の許可が必要となります（法85）。
- 既存不適格建築物は、適法に建てられた後に法改正されて不適格が生じたもので、そのまま使用しても原則適法となります（法3・2）。

Q 建築とは？

A 新築、増築、改築、移転のことです。

建築という言葉は一般にさまざまな意味を含みますが、建築基準法では新築、増築、改築、移転の4種類の意味しかありません（法2・十三）。改築はほとんど同じ建築物を改めて建てること。移転とは同一敷地内で移動すること。違う敷地に移動するのは新築、すでに建築物のある違う敷地に移動するのは増築となるので注意して下さい。

[スーパー記憶術]

心	臓	の	回	転
新築	増築		改築	移転

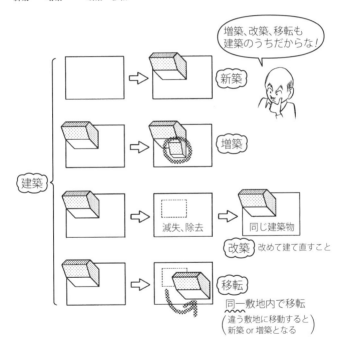

増築、改築、移転も建築のうちだからな！

新築

増築

減失、除去 ⇒ 同じ建築物
改築 改めて建て直すこと

移転
同一敷地内で移転
（違う敷地に移動すると 新築 or 増築となる）

建築

法規のアウトライン

1

Q 建築確認とは？

A 建築物、指定工作物（R012参照）の計画が建築基準法などに適合しているかどうかを、着工前に確認する行政行為です。

工事の注文者＝建築主（ぬし）が行政の建築主事（しゅじ）に確認の申請をします。建築士が申請する場合は、建築主の委任という形となり、委任状が必要となります。

建築確認

これが目に入らぬか！

建築主事の判をもらわないと建てられないわよ！

建築確認図書

建築主 ──→ 建築主事
工事の注文者　　　　　建築確認を
（建築士が代わりに申請　行う公務員
する場合は委任の形となる）

- 確認申請や検査などは、法6以降にあります。「確認を受ける」といわれていますが、実際にやってみると「許可を受ける」に近い感覚があります。
- 一定規模を超える建築物の建築、大規模修繕・模様替えには、確認が必要となります。用途変更して特殊建築物（200m²超）となる場合も含まれるので、注意して下さい（法6・1・一、法87・1）。
- 建築主は「建築物に関する工事の請負契約の注文者又は請負契約によらないで自らその工事をする者をいう」（法2・十六）とあります。自社ビルを自分で工事するゼネコンも、建築主となります。
- 建築主事とは、建築確認を行うため、地方公共団体に設置される公務員です（法4）。
- 建築確認を受ける場合には、消防長か消防署長の同意が必要となります。

Q 特定行政庁とは？

A 建築主事がいる地方公共団体ではその市区町村長を指し、建築主事のいない団体では都道府県知事を指します。

知事か市区町村長のことを特定行政庁といいます。機関の名前のようですが、人の役職名です。建築主事を任命する、各種の許可、認定、認可をする権限をもちます。

- 法2・三十五に特定行政庁の定義があります。
- 特定行政庁が許可する場合は、建築審査会の同意が必要となるケースが多くあります。建築審査会は特定行政庁の付属機関で、市区町村長や都道府県知事が任命した5人または7人の委員で構成されます。法78～83にその規定があります。

Q 指定確認検査機関とは？

A 国土交通大臣や都道府県知事から指定された、建築確認や検査を行うことができる民間機関です。

建築主事しか行えなかった確認と検査の業務を、平成11年から民間へ委託できるようになりました。

- 指定確認検査機関については法4章の2・2節にあります。法6の2以降の条文タイトルでは、指定確認検査機関のことを、「国土交通大臣等の指定を受けた者」と記されています。
- 法6が建築主事による確認、法6の2が指定確認検査機関による確認、法7が建築主事等による完了検査、法7の2が指定確認検査機関による完了検査。このように建築主事と指定確認検査機関の条文は、対になっています。

Q 中間検査、完了検査とは?

A 工事途中にする検査、工事完了後にする検査です。

政令で定めた、または特定行政庁が決めた工程（特定工程）が終了したら中間検査を行い、工事が完了したら完了検査を行います。検査を行うのは、建築主事や職員、指定確認検査機関です。検査に合格したら、中間検査合格証、検査済証が交付されます。検査済証は「けんずみ」と俗称されることがあります。

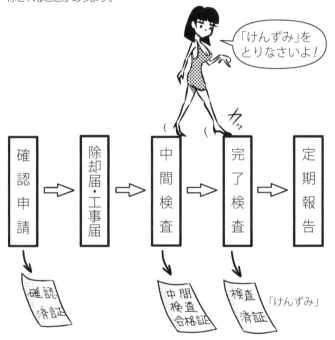

「けんずみ」をとりなさいよ!

確認申請 ⇒ 除却届・工事届 ⇒ 中間検査 ⇒ 完了検査 ⇒ 定期報告

確認済証　中間検査合格証　検査済証「けんずみ」

1

法規のアウトライン

- 完了検査は法7、法7の2、中間検査は法7の3、法7の4にあります。
- 特定工程とは、階数が3以上である共同住宅の2階床、梁の鉄筋工事などです。
- 順番としては、確認申請→建築除却届、建築工事届→中間検査→完了検査→定期報告となります。除却届、工事届は法15・1にあります。定期報告とは、特殊建築物（R013参照）などで特定行政庁が指定した建築物、建築設備について、建築士などが定期的に点検・調査して、特定行政庁に報告することです（法12）。

Q 用途変更して特殊建築物にするときは建築確認が一般に必要ですが、それが不要になる場合とは？

A 200m²以下の小規模な場合および、類似用途への変更の場合は確認が不要です。

たとえば住宅を保育所に用途変更する場合、保育所は特殊建築物なので建築確認が必要です。ただし保育所が200m²以下の小規模な場合は、不要となります。また旅館をホテルにするなどの類似用途間での用途変更は、確認が不要となります。

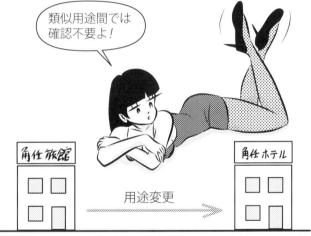

類似用途間では確認不要よ！

用途変更

● 類似用途の特殊建築物は、令137の18に以下のように列挙されています。同じ号の中で用途変更する場合は、確認が不要となります。
「　一　劇場、映画館、演芸場
　　二　公会堂、集会場
　　三　診療所（患者の収容施設があるものに限る。）、児童福祉施設等
　　四　ホテル、旅館
　　五　下宿、寄宿舎
　　六　博物館、美術館、図書館
　　七　体育館、ボーリング場、スケート場、水泳場、スキー場、ゴルフ練習場、バッティング練習場
　　八　百貨店、マーケット、その他の物品販売業を営む店舗
　　九　キャバレー、カフェー、ナイトクラブ、バー
　　十　待合、料理店
　　十一　映画スタジオ、テレビスタジオ　」
三号の児童福祉施設等には、児童福祉施設（保育所、幼保連携型認定こども園など）、有料老人ホーム、障害者支援施設などが含まれます（令19・1）。

Q 構造計算適合性判定、省エネ基準適合性判定とはどのような仕組み？

A 所管行政庁や判定機関に、構造計算、省エネ基準が適合しているかを判定してもらい、適合とされてはじめて確認済証が交付される仕組みです。

🧊 一定種類、一定規模の建築物には、構造計算適合性判定（構造適判）、省エネ基準適合性判定（省エネ適判）が必要とされています。構造適判は指定構造計算適合性判定機関で、省エネ適判は登録省エネ判定機関で行われます。

1

法規のアウトライン

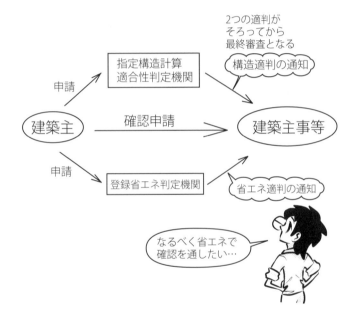

- 設計時に行われた構造計算は建築確認で審査されますが、さらに別の機関で構造計算の審査を行い、構造の安全性を確保しようとしたものです（法6・5）。構造計算書偽造事件が起こり、急遽つくられた仕組みです。また建築物部門でのエネルギー消費が、他部門では減少しているのに増加傾向にあるため、建築物省エネ法（建築物のエネルギー消費性能の向上に関する法律）が制定され、基準をクリアするように義務化が進んでいます。
- 政府は2030年までに新築住宅の平均を**ZEH**（ゼッチ：ネット・ゼロ・エネルギー・ハウス）とすることを目標としています。

Q 住宅性能評価・表示とは？

A 登録住宅性能評価機関が、新築や中古の（共同）住宅の設計図書や施工、完成時における性能を評価し、表示する制度です。

住宅の品質確保の促進等に関する法律（品確法）によって、制度化されました。高評価の場合は、ローン優遇、保険料割引などのメリットがあります。設計段階の設計住宅性能評価と、施工、完成時の建設住宅性能評価があります。

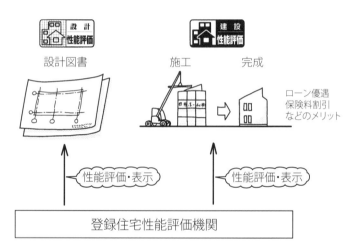

- たとえば構造躯体の倒壊しにくさを、耐震等級1～3の3段階で評価します。基準法の地震力に耐えられるものを等級1、その1.25倍に耐えられるものは等級2、1.5倍は等級3としています。その他、構造、防火、劣化軽減、維持管理、省エネ、空気環境、光・音環境、バリアフリーなどについて、多くの評価項目がつくられています。
- 構造耐力上主要な部分と雨水の浸入を防止する部分の不具合があった場合、請負人や売り主の責任である瑕疵担保責任（かしたんぽせきにん）は、すべての新築住宅において引き渡しから10年と品確法で定められています（品確法94、95）。その場合は性能評価されていない住宅も含まれます。性能評価は任意規定ですが、瑕疵担保責任は義務規定です。
- 長期優良住宅は、長期優良住宅の普及に関する法律によって制度化されたもので、所管行政庁から認定されると、さらなる補助、ローン優遇、保険料割引などが受けられます。長期優良住宅制度は任意規定です。

Q 基準法上の道路の<u>幅員</u>（ふくいん＝幅）は何 m 以上？

A 4m 以上です。

幅員とは幅のことです。法3章で扱う道路は、幅員 4m 以上が原則です。幅員は下図のように、<u>L 形側溝</u>、<u>U 字溝</u>、<u>縁石</u>（えんせき）の外側から外側で測るのが普通です。傾斜面（法：のり）がある<u>法敷</u>（のりじき）は、<u>道路敷</u>（どうろじき＝道路用地）ではありますが、幅員には含まれません。

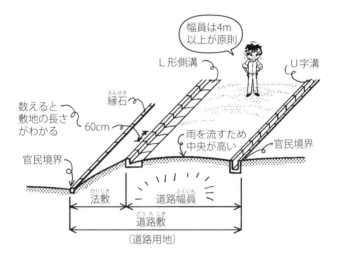

- 法42・1に「この章の規定において『道路』とは、次の各号のいずれかに該当する幅員 4m（特定行政庁がその地方の気候若しくは風土の特殊性又は土地の状況により必要と認めて都道府県都市計画審議会の議を経て指定する区域内においては、6m。次項及び第3項において同じ。）以上のもの（地下におけるものを除く。）をいう」とあります。
- L 形側溝の長さは 60cm が多く、敷地の大きさを概算するのに使えます。

Q <u>歩道は道路幅員に入る？</u>

▼

A 入ります。

 歩道は道路敷（どうろじき＝道路用地）でもあり、道路幅員にも含まれます。

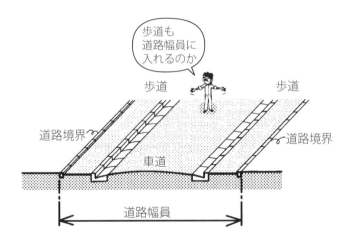

• 歩道が幅員に入るか否かは、学生からよく聞かれる質問です。道路幅員は、道路斜線、道路容積率などの形態制限に関係します。歩道は道路幅員に入るとここで覚えておきましょう。

Q 既存の幅員 <u>4m 未満</u>の道路の道路境界はどうなる?
▼

A 道路とみなされ、中心から2mの線を道路境界とみなします。

2項道路、42条2項道路、みなし道路などと呼ばれます。反対側に崖、川などがある場合は、反対側の道路境界線から4mの線を道路境界とみなします。2項道路の名は覚えておきましょう。

[スーパー記憶術]
2m　2個で　4m
　2項道路　4m未満

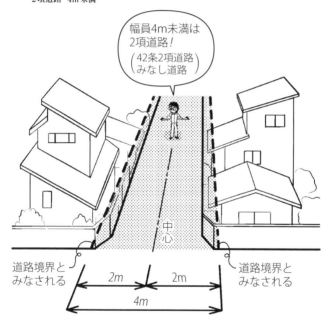

幅員4m未満は
2項道路!
(42条2項道路)
みなし道路

中心

道路境界とみなされる　2m　2m　道路境界とみなされる

4m

2

道路

• 法42・2に「(前略) この章の規定が適用されるに至つた際現に建築物が立ち並んでいる幅員4m未満の道で、特定行政庁の指定したものは、前項の規定にかかわらず、同項の道路とみなし、その中心線からの水平距離2m (中略) の線をその道路の境界線とみなす。ただし、当該道がその中心線からの水平距離2m未満で崖地、川、線路敷地その他これらに類するものに沿う場合においては、当該崖地等の道の側の境界線及びその境界線から道の側に水平距離4mの線をその道路の境界線とみなす」とあります。

Q 敷地が2項道路（みなし道路）に接する場合、敷地面積はどうなる？
▼
A 道路中心から2mまで後退された部分を含めずに計算します。

反対側に川、崖があって道路が拡幅できない場合は、反対側から4mまで後退された部分を含めずに計算します。

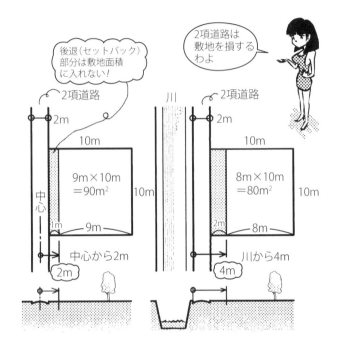

- 令2・1・一に、敷地面積とは「敷地の水平投影面積による。ただし、建築基準法（以下「法」という。）第42条第2項、第3項又は第5項の規定によつて道路の境界線とみなされる線と道との間の部分の敷地は、算入しない」とあります。
- 新築時の確認申請の際に、後退した道路境界線に縁石などを入れさせられます。2項道路の両側の建て替えが進むと、道路は最終的に4mとなる仕組みです。都市部には、多くの2項道路があります。
- 後退部分の土地は、道路管理者に無償で譲渡するか、無料で貸すことになります。基本的には、その土地はなかったものとなってしまいます。既存の道路境界よりも下がることをセットバックと呼び、不動産取引では重要事項説明に入ります。土地を買うときは、不動産のチラシには2項道路、セットバックありなどと書かれているので注意して下さい。

Q <u>国道</u>、<u>都道府県道</u>、<u>市町村道</u>などの<u>公道</u>は基準法上の道路？

A 基準法上の道路（一号道路）です。

幅員が4m（6m）以上必要なのは、ほかの基準法上の道路と同じです。
法42・1・一の規定にあるので、一号道路などと呼ばれます。公道は法律
用語ではなく、正確には「道路法による道路」です。

[スーパー記憶術]
国道　一号線
　　　一号道路

● 公道、私道は一般用語です。
● 道路法3に「道路の種類は、次に掲げるものとする。一　高速自動車国道　二
　一般国道　三　都道府県道　四　市町村道」とあります。

Q 都市計画法、土地区画整理法などの許認可を受けてつくられた（築造された）道路は基準法上の道路？

▼

A 基準法上の道路（二号道路）です。

💠 開発されてつくられた道路で、完了後に法42・1・一の「道路法による道路」、公道に組み込まれることも多くあります。この場合は一号道路でもあり、二号道路でもあります。

開発されて
つくられた道路は
基準法上の
道路よ！

二号道路

- 法42・1・二には「都市計画法、土地区画整理法、旧住宅地造成事業に関する法律、都市再開発法、新都市基盤整備法、大都市地域における住宅及び住宅地の供給の促進に関する特別措置法又は密集市街地整備法による道路」とあります。道路法による道路が一号道路、その他の法律による道路が二号道路です。
- 都市計画法の開発行為に当たらない小規模な開発で道路を築造する場合は、法42・1・五の位置指定道路となります。
- 道路、擁壁、看板などは「築造する」、建築物は「建築する」と法律では書きます。

Q（準）都市計画区域に指定されたときにすでにあった<u>4m以上</u>の道は基準
法上の道路？

A 基準法上の道路（三号道路）です。

（準）都市計画区域が適用される以前からあった4m以上の道は、基準法
上の道路に自動的に組み込まれます。4m未満なら、「2項道路（みなし道
路）」となります。

4m以上

L形側溝や縁石
がなかったり、
すみ切りがなかったり

三号道路

すでにあった
4m以上の道路

2
道路

- 道路法による道路、築造された道路、位置指定道路などの技術的基準がなかっ
た際につくられた道路なので、側溝や舗装の整備がされていないケースも多く
あります。
- 法42・1・三「（前略）この章の規定が適用されるに至つた際現に存在する道」で
「道」となっているのは、基準法上の道路と定義される前だからです。法3章以
外の、都市計画区域の内外にかかわらず適用される規定では、「道路」ではなく
「<u>道</u>」といいます。また、敷地内では「<u>通路</u>」といいます。

Q 工事前、工事中の道路は基準法上の道路になる?

▼

A 2年以内に工事予定があって特定行政庁が指定した「事業執行予定道路」は、基準法上の道路（四号道路）です。

計画されているだけでも、2年以内に工事されるとして指定されたならば、基準法上の道路となります。工事前や工事中の道路でも事業執行予定道路は、接道義務を満たす道路となり、接道する敷地に建築することができます。

[スーパー記憶術]
工事でよごれた道路
　　　　四号道路

基準法上の道路
に接道している
から建築OKよ!

えっ!?
まだでき上がって
なくてもいいんだ

事業執行予定道路
（四号道路）

工事中 or 2年以内に工事

- 法42・1・四に「道路法、都市計画法、土地区画整理法、都市再開発法、都市基盤整備法、大都市地域における住宅及び住宅地の供給の促進に関する特別措置法又は密集市街地整備法による新設又は変更の事業計画のある道路で、2年以内にその事業が執行される予定のものとして特定行政庁が指定したもの」とあります。
- 将来道路として整備することを都市計画で定めたものを、「都市計画道路」、または「計画道路」といいます。敷地が都市計画道路内に入ってしまった場合は、すぐに解体できないRC造や地下室は建てられないなどの制約を受けます。

Q 位置指定道路とは？

A 基準法上の道路として位置の指定を受けた（公認された）私道です。

 法42・1・五に記されているので、五号道路ともいいます。位置指定を受けると、基準法上の道路として認められたことになります。

[スーパー記憶術]
午後の紅茶の指定席
　五号　　　位置指定道路

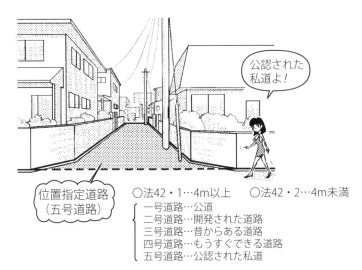

公認された
私道よ！

位置指定道路
（五号道路）

〇法42・1…4m以上　　〇法42・2…4m未満
　┌ 一号道路…公道
　│ 二号道路…開発された道路
　│ 三号道路…昔からある道路
　│ 四号道路…もうすぐできる道路
　└ 五号道路…公認された私道

2

道路

- 法42・1・五に「土地を建築物の敷地として利用するため、道路法、都市計画法、土地区画整理法、都市再開発法、新都市基盤整備法、大都市地域における住宅及び住宅地の供給の促進に関する特別措置法又は密集市街地整備法によらないで築造する政令で定める基準に適合する道で、これを築造しようとする者が特定行政庁からその位置の指定を受けたもの」とあります。

- 位置指定を受けるには、政令（令144の4）で定める基準、幅員が4m以上、原則として通り抜け道路、幅員6m未満の行き止まりでは長さを35m以下とするなどを守らなければなりません。基準法のほかに、都道府県や市町村の基準が条例で定められていることもあります。

Q 昔からある4m未満の道沿いに古い家屋が立ち並ぶ場合、2項道路にすると、その古い家屋を壊さなければならなくなります。街並みを保存する目的で、2項道路以外に基準法上の道路として指定できる？

A 基準法上の道路（3項道路）として指定できます。

中心から2mまでを道路とみなす2項道路の規定では、4m未満の細い道沿いの町家を破壊することになります。特定行政庁は、中心から2mの距離を、1.35m以上2m未満の範囲で指定できます。もっとも幅の狭い1.35mとされたならば、1.35m×2＝2.7mの細い道沿いの街並みを、保存することが可能となります。

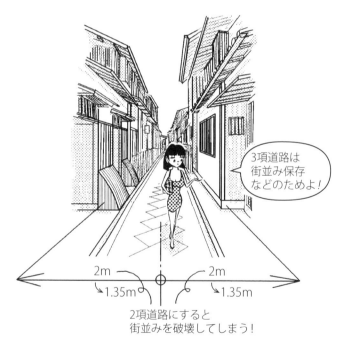

3項道路は
街並み保存
などのためよ！

2m　　　2m
1.35m　　1.35m
2項道路にすると
街並みを破壊してしまう！

● 細い道の入り組んだ古い街、漁村、山間地の街を救済するための緩和措置です。
● 法42・3に「特定行政庁は、土地の状況に因りやむを得ない場合においては、前項の規定にかかわらず、同項に規定する中心線からの水平距離については2m未満1.35m以上の範囲内において、同項に規定するがけ地等の境界線からの水平距離については4m未満2.7m以上の範囲内において、別にその水平距離を指定することができる」とされています。

Q 開発する宅地に位置指定道路をつくるのはなぜ？

A 奥の土地に接道させるためです。

下図のように土地を4分割した開発の場合、奥の2つの敷地は道路に面することができません。道路から敷地に入れなくなるばかりでなく、基準法の接道義務（法43・1、R040参照）に反するので、建築ができなくなります。そこで私道をつくって指定を受け、基準法上の道路にしてもらうわけです。基準法上の道路に2m以上接道すれば、建築可能となります。

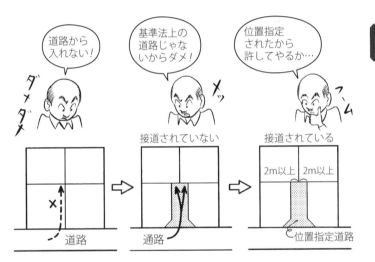

2

道路

● 開発する土地が1000m²以上（都計令19・1、条例で別の定めあり）では開発行為となって、二号道路（法42・1・二）となります。小規模な開発で位置指定がなされて位置指定道路（五号道路）となります。

● 位置の指定を受けると、道路台帳の地図に番号が記載されます。確認申請の際には、その番号が必要になることがあります。位置指定を受けていない私道に面していても、基準法上の道路ではないため、建築することはできません。

Q 私道の廃止を禁止できる？

A 私道を廃止すると接道できなくなる敷地ができてしまう場合は、特定行政庁はその私道の廃止を禁止できます。

敷地の接道は通行や避難などで重要なので、いくら私道でも特定行政庁は廃止、変更を制限できるとしています。

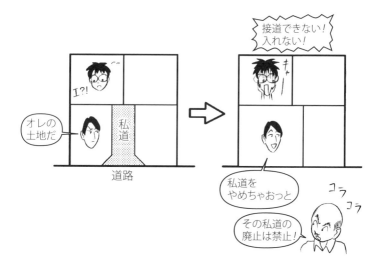

- 法45・1に「私道の変更又は廃止によつて、その道路に接する敷地が第43条第1項の規定又は同条第2項の規定に基く条例の規定に抵触することとなる場合においては、特定行政庁は、その私道の変更又は廃止を禁止し、又は制限することができる」とあります。ここで「第43条第1項の規定又は同条第2項の規定」とは、2mの接道義務と、条例での制限の付加のことです。
- 通常は上図のような4軒で使う私道の場合、持ち分は1/4ずつとなります。
- ここで私道とは、位置指定道路だけではなく、他家への通路として使われている別所有者の敷地も含むと考えられます。民法210・1では、接道していない袋地（ふくろじ）の所有者は、公道に出るために囲繞地（いにょうち）を通行することができるとあります。これを囲繞地通行権といいます。基準法の趣旨も、囲繞地通行権からきています。

Q 位置指定道路（五号道路）のすみ切りとは？

A 下図のような、辺の長さが <u>2m</u> の二等辺三角形で道路の角を斜めに切った形とすることです。

すみ切りの長さは 2m ではなく、2m と 2m の辺で挟まれた二等辺三角形の底辺の長さとなります。直角二等辺三角形の場合、すみ切りの長さは

$$2\sqrt{2} \fallingdotseq 2 \times 1.414 = 2.828\text{m}$$

となります。120 度以上の鈍角では、すみ切りは必要なくなります。このすみ切りがないと、位置指定を受けられません。

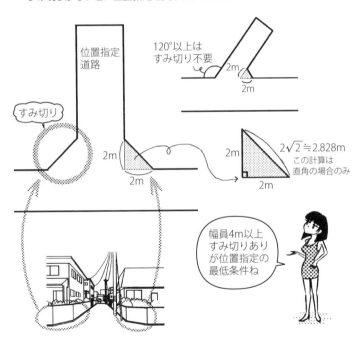

2

道路

- 令 144 の 4・1・二では「道が同一平面で交差し、若しくは接続し、又は屈曲する箇所（交差、接続又は屈曲により生ずる内角が 120 度以上の場合を除く。）は、角地の隅角を挟む辺の長さ 2m の二等辺三角形の部分を道に含むすみ切りを設けたものであること」と少々難解に表現されています。

Q 位置指定道路の<u>延長</u>（長さ）に制限はある？

A 下図のように、幅員などによって制限があります。

💠 幅員が4m以上6m未満では35m以下、幅員が6m以上では制限はありません。また6m未満でも、35m以下ごとに自動車回転広場を設ければ、長さを延ばすことができます。

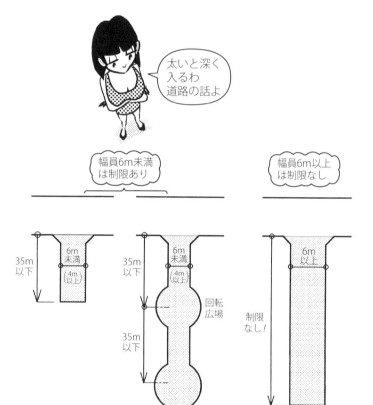

幅員6m未満
は制限あり

幅員6m以上
は制限なし

35m
以下

6m
未満
(4m)
(以上)

35m
以下

6m
未満
(4m)
(以上)

回転
広場

35m
以下

6m
以上

制限
なし！

● 令144の4・1・一に、位置指定道路は両端を道路に接続するとあります。その後にただし書きとして、一定基準をクリアすれば袋路状とすることができるとしています。道路から道路に通すのが原則ですが、小さい開発地は袋路状にされるケースが多く見られます。

Q 将来道路として整備することが都市計画で定められた都市計画道路（計画道路）に敷地が入っている場合、建築の制限は受ける？

▼

A すぐに壊せるようにするため、建築の制限を受けます。

RC造、地下室などは不可となります。計画道路内では、木造や軽量鉄骨造、重量鉄骨造などで建てます。基礎のRC造は可能です。

都市計画道路内
だとRCや地下室
はダメなんだ！

事業執行予定道路
（四号道路）に指定され
ると建築もダメだよ

ゲゲゲ

都市計画道路

2
道路

都市計画道路 …建築に制限

↓

事業執行予定道路 …建築不可
（四号道路） ← 現に存在する道路として扱われる

● 木造、鉄骨造ぐも、基礎はRC造でつくられます。土に接する部分を腐ったりサビたりする材料ではつくれません。基礎のRC造を禁止されると、建築が不可能になってしまいます。計画道路内でも、基礎はもちろんRC造でつくれます。

● 敷地が、2年後に事業執行予定として四号道路として指定された場合は、建築自体が不可能となります。四号道路内にある建築物は、既存不適格建築物となります。

Q 赤道（あかみち）、青道（あおみち）とは？

A 公図には存在するけれども地番がない、道と水路のことです。

 道路法、河川法の適用がない国有地です。あぜ道、里道（りどう）と呼ばれていた道は、公図で赤く塗られていたので、赤道（あかみち）、赤線（あかせん）などと呼ばれるようになりました。水路は青く塗られていたので、青道（あおみち）、青線（あおせん）と呼ばれます。両者ともに、基準法上の道路ではありません。

敷地を赤道や青道が横断している場合は、一団の敷地（ひとつの敷地）となりません。ひとつの敷地にしたい場合は、赤道、青道を付け替えるなどが必要です。

敷地に隣接して赤道、青道がある場合、赤道、青道は隣地とされます。隣地斜線（R162参照）、北側斜線（R166参照）なども適用されますが、境界線はその幅の半分だけ外側とする緩和規定もあります。

公図とは、登記所に備え付けられた地番を表示した地図のことです。

Q 接道義務とは？

A 敷地は道路に **2m以上**接しなければならないという規定です。

ここで道路とは、法42に定義された基準法上の道路のことです。赤道、青道、私的な通路などに接しても、接道義務を果たしたことになりません。2m接道がない敷地は建築不可で、現況建物がある場合は再建不可となります。

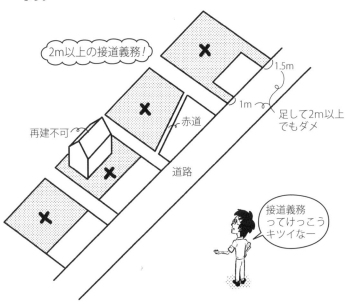

2

道路

- 法43・1に「建築物の敷地は、道路（中略）に**2m以上**接しなければならない」とあります。法43のいう道路とは、法42にあげられたものです。この接道義務が問題となる敷地は、都内に数多くあります。
- 自動車専用道路などは、接道の対象となりません。

Q 接道部分が不整形な場合の接道長さはどうやって測る？

A 下図左のように、最短距離で測ります。

接道部分の辺の長さを足し算するわけではなく、最短距離で測って 2m 以上なければなりません。

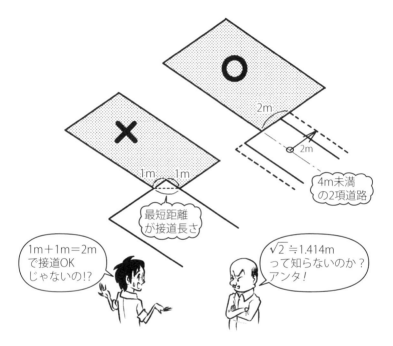

2m

○

2m

4m未満
の2項道路

1m　1m

×

最短距離
が接道長さ

1m＋1m＝2m
で接道OK
じゃないの!?

√2 ≒1.414m
って知らないのか？
アンタ！

- 上図右のように2項道路に接する場合、中心から2mの位置に道路境界があるとして接道長さを測ります。
- 行き止まりの袋路状道路のみに敷地が接する場合、条例で制限を付加されることがあります（法43・3・五）。大規模な長屋が建ち、避難に支障が出ることを防ぐためです。

Q 路地状敷地の接道義務とはどこで測る?

▼

A 下図のように、すべての部分で測って2m以上必要です。

路地状敷地とは、旗竿地（旗地）の細い部分（竿の部分）の敷地のことで、道路ではありません。細い路地状敷地の部分が、すべてにわたって幅2m以上なければ、接道義務を果たすことにはなりません。直径2mの円が通る必要があります。出口の部分が2mあるだけでは、建築不可です。

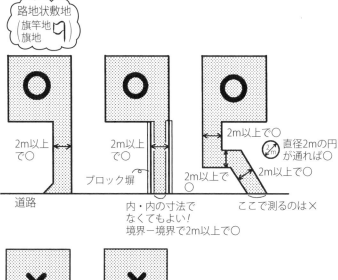

路地状敷地
（旗竿地）
（旗地）

2m以上で○

道路

ブロック塀

2m以上で○

内・内の寸法でなくてもよい!
境界－境界で2m以上で○

2m以上で○

直径2mの円が通れば○

2m以上で○

ここで測るのは×

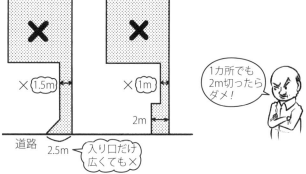

× (1.5m)

× (1m)

2m

道路　2.5m　入り口だけ広くても×

1カ所でも2m切ったらダメ!

- 上図の上段中央にある図で、路地状敷地の境界にブロック塀などがあり、ブロック塀の内－内の寸法（内法：うちのり）が2m未満でも、境界線から境界線で2m以上あればOKです。接道義務2m以上とは敷地境界で測ります。

Q 路地状敷地（旗竿地、旗地）はなぜできる？

A 下図のように道路から奥に深い土地を分割した場合、奥の敷地に接道させようとするためです。

接道が短く、奥に長い土地を、2分割すると、下図の一番右のような旗竿地ができ上がります。遺産相続での分割、土地の細分によるミニ開発などで、2m の接道義務を果たそうとするためです。

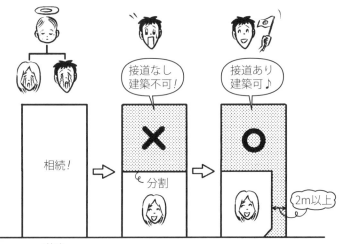

- 昔の旗地では、路地状敷地の部分の幅が1.8m（1間）で2m未満のことが多くあります。その場合、自宅に限って、法43・2により、特定行政庁の許可を受けて確認が通る場合があります。
- すみ切りをすると車が出入りしやすくなりますが、接道長さには関係ありません。
- 路地状敷地の部分が幅2.5m以上あれば、車が止められるので、土地の利用価値は高まります。

Q <u>河川管理用道路</u>への接道は認められる？

A 法43・2・一による認可を受ければ接道が認められます。

河川の両側には、河川を管理するための道があるのが普通です。河川管理用道路は基準法上の道路ではありませんが、一定基準を満たして特定行政庁が認めれば接道とされます。

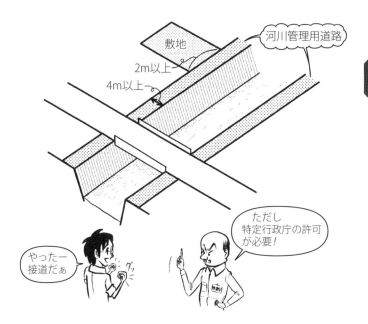

2
道路

- 法43・2に「前項の規定は、次の各号のいずれかに該当する建築物については、適用しない」とあり、一号に「その敷地が幅員<u>4m以上の道（道路に該当するものを除き</u>、避難及び通行の安全上必要な国土交通省令で定める基準に適合するものに限る）<u>に2m以上接する建築物</u>のうち、利用者が少数であるものとしくその用途及び規模に関し国土交通省令で定める基準に適合するもので、特定行政庁が交通上、安全上、防火上及び衛生上支障がないと認めるもの」（下線筆者）とあります。
- 規10の3・4・二には「その敷地が農道その他これに類する公共の用に供する道（幅員4m以上のものに限る。）に2m以上接すること」とあります。これが法43・2・一の「国土交通省令で定める基準」に当たります。

Q 周囲に公園、広場がある場合、2mの接道義務が緩和されることがある？

▼

A 法43・2による許可を受ければ緩和されることがあります。

2mの接道義務は、敷地からの避難路の確保、採光や換気の確保などが目的です。周りに公園があればその目的が果たせるので、緩和されるわけです。

- 法43・2・二の「その敷地の周囲に広い空地を有する」が設問の文章に当たります。
- 規10の3・4・二に「その敷地の周囲に公園、緑地、広場等広い空地を有すること」とあります。これが法43・2・二の「国土交通省令で定める基準」に当たります。

Q 橋で水路をまたいで敷地に入る場合の接道はどうなる？

A 水路占用許可を得ている幅2m以上の橋の場合、法43・2・一の道と認められれば接道しているとされます。

💭 水路の上に蓋がされた暗渠（あんきょ）の場合も、法43・2・一の道と認められれば、接道しているとみなされます。暗渠は道路ではありません。

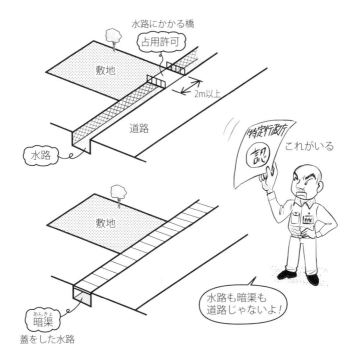

水路にかかる橋
占用許可
敷地
2m以上
道路
水路

これがいる
特定行政庁
認

敷地
暗渠
蓋をした水路

水路も暗渠も道路じゃないよ！

2
道路

- 接道の長さや路地状敷地の長さなどは、建物の種類と規模などにより、条例で制限を加えることができます（法43・3）。そのため接道に関しては、基準法のほかに条例を調べる必要があります。
- 水路にかかる橋には、水路の占用許可も必要となります。水路の占用許可は、水路の管理者の都道府県、市区町村で行います。

Q <u>自動車専用道路、高架の道路</u>に敷地が 2m 接する場合、接道義務は果たしたことになる？

A 接道義務は果たしたことになりません。

敷地から人や車が出られなければ意味はありません。たとえ道路法による道路であっても、接道していることにはなりません。

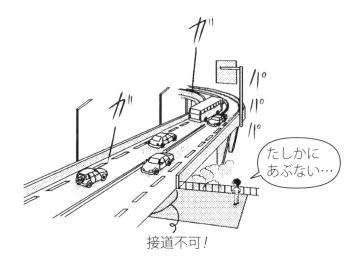

接道不可!

● 法 43・1 の「道路」について「次に掲げるものを除く」とあり、「一　自動車のみの交通の用に供する道路」「二　地区計画の区域（中略）内の道路」とあります。

Q 道路内の建築は、軒、ひさしや塀、擁壁（ようへき）でも不可？

▼

A 不可です。

　ひさしなどの軽微な部分、擁壁などの敷地を造成する部分でも、道路への突出は不可です。窓やドアを開けた際に、窓やドアが道路に出るのも不可です。

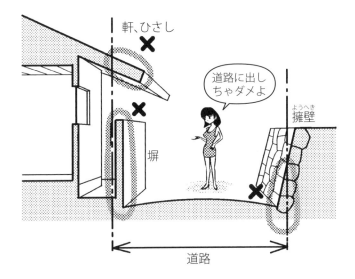

2
道路

- 法44・1に「建築物又は敷地を造成するための擁壁は、道路内に、又は道路に突き出して建築し、又は築造してはならない」とあります。
- 擁壁は「建築物」ではない「工作物」となります。建築物ではない工作物をつくることを、法律用語では「築造する」といいます。

Q 地下の建築物、公衆便所、巡査派出所（交番）は道路内に建築できる？

A 道路内に建築できます。

地下の建築物は、交通をじゃますするわけではないので、建築は可能です。地下街は敷地としては道路内です。地上でも公衆便所、巡査派出所、バス停留所などは、公益上必要なものなので、通行の支障がない範囲で建築することが可能です。

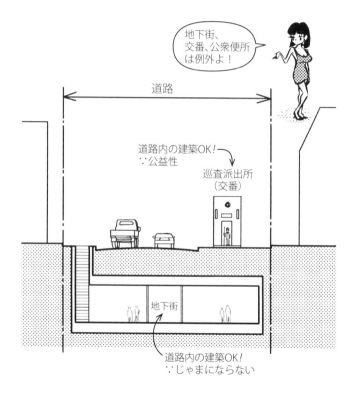

地下街、
交番、公衆便所
は例外よ！

道路

道路内の建築OK！
∵公益性

巡査派出所
（交番）

地下街

道路内の建築OK！
∵じゃまにならない

- 法44・1のただし書きの一号、二号にあります。
- 地下街については、令128の3の規定以外にもさまざまな条例の規定をクリアしたうえに、道路法32の道路占用許可をとる必要があります。公衆便所、巡査派出所も、道路占用許可が必要です。

Q アーケード（公共用歩廊）は道路内に建築可能？

A 条件付きで建築可能です。

法文では「公共用歩廊」となっていますが、一般にはアーケードと呼ばれる、商店街に設置する屋根と柱の建築物です。歩道や道路全体に設置されます。

アーケード

公共用歩廊は
道路につくれなきゃ
意味なしよ！

2

道路

- 法44・1・四に「公共用歩廊その他政令で定める建築物で特定行政庁が安全上、防火上及び衛生上他の建築物の利便を妨げ、その他周囲の環境を害するおそれがないと認めて許可したもの」とあります。特定行政庁の許可が必要です。
- 法44・1・四の「その他政令で定める建築物」とは、渡り廊下、自動車専用道路上空に設ける建築物、高架の路面下に設けられる建築物、自動車のみの交通の用に供する道路内に設けられる休憩所、給油所、自動車修理所と令145・2に列挙されています。
- アーケードの高さは、道路法施行令10の規定により、歩道上で2.5m以上、車道上で4.5m以上必要となります。

Q 道路内に看板を突出するのは可能？

A 道路の占用許可をとれば可能です。

看板は建築物ではない工作物になります。道路内の工作物として、道路法 32・1 の道路占用許可を道路管理者からとれば、道路内に突出させることができます。

● 看板は屋外広告物として、道路法、その地域の条例などでさまざまな規制がされています。看板の縦横の大きさ、官民境界からの出幅、歩道からの高さ、車道からの高さなどの規定があります。

● 建築物は工作物に含まれます。建築物ではない工作物には、基準法が原則として及びません。歩道橋（横断歩道橋）は道路内の工作物となり、道路内での建築が可能となります。

Q 自動車専用道路内の休憩所などは建築可能？

A 条件付きで建築可能です。

自動車専用道路内につくる休憩所、ガソリンスタンド、修理所は、特定行政庁が許可すれば建築が可能となります。

休憩所は必要ね！

自動車専用道路内の休憩所

P 道内憩油理 Donai Keiyuri

2

道路

• 令145·2に「自動車のみの交通の用に供する道路に設けられる建築物である休憩所、給油所及び自動車修理所」とあります。

Q 高架道路の路面下に設ける建築物は可能？

A 条件付きで可能です。

基準をクリアして特定行政庁が認めたものは、道路内にもかかわらず建築可能となります。道路の高架下の店舗などがその例です。

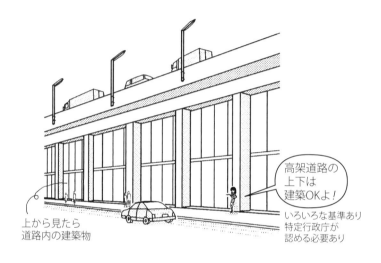

高架道路の
上下は
建築OKよ！

いろいろな基準あり
特定行政庁が
認める必要あり

上から見たら
道路内の建築物

- 法44・1・三に「（前略）道路の上空又は路面下に設ける建築物のうち、当該道路に係る地区計画の内容に適合し、かつ、政令で定める基準に適合するものであつて特定行政庁が安全上、防火上及び衛生上支障がないと認めるもの」とあります。

Q 建物と建物をつなぐ渡り廊下は建築可能？

A 条件付きで建築可能です。

病院、学校、老人ホームの渡り廊下、5階以上の階で避難のために必要な渡り廊下、道路の交通緩和に寄与する渡り廊下などで、特定行政庁が許可したものは建築可能です。

渡廊病院

渡廊病院

渡り廊下

病院や学校、
5階以上の避難用
とかの条件付きか…

- 法44・1・四、令145・2に規定があります（R050の注を参照）。
- RC造、鉄骨造、SRC造で、ガラスなどの落下のおそれのあるものなどの構造の規定が令145・3にあります。

2

道路

Q 道路の上空に建築物を建築可能？

A 条件付きで建築可能です。

高度地区、高度利用地区、都市再生特別地区に限り、自動車専用道路の上空には、特定行政庁が許可すれば建築が可能となります。

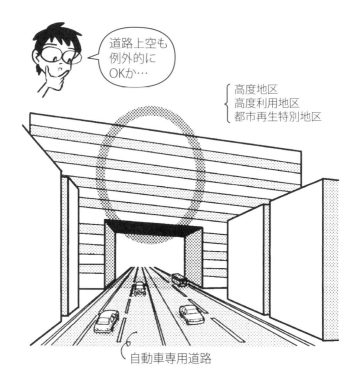

道路上空も
例外的に
OKか…

｛ 高度地区
　高度利用地区
　都市再生特別地区

自動車専用道路

● 令145・2に「高度地区、高度利用地区又は都市再生特別地区内の自動車のみの交通の用に供する道路の上空に設けられる建築物」とあります。

Q 道路上空に<u>プラットホームの上家</u>（うわや：屋根と柱）は建てられる？

A 鉄道の上家は建築物ではないので、道路上空に建築可能です。

建築物の定義の除外規定の中に、プラットホームの上家、跨線橋（こせんきょう：鉄道をまたぐブリッジ）などが含まれています。基準法上の建築物ではないので、基準法の規制は及びません。

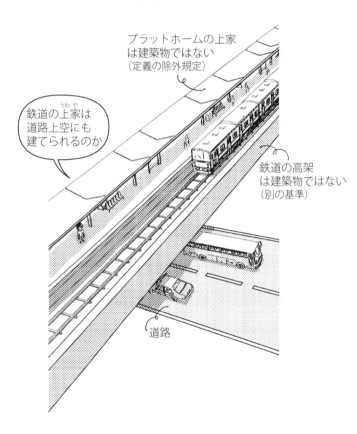

プラットホームの上家
は建築物ではない
（定義の除外規定）

鉄道の<ruby>上家<rt>うわや</rt></ruby>は
道路上空にも
建てられるのか

鉄道の高架
は建築物ではない
（別の基準）

道路

2

道路

● 法2・一の建築物の定義に、「鉄道及び軌道の線路敷地内の運転保安に関する施設並びに跨線橋、プラットホームの上家、貯蔵槽その他これらに類する施設を除く」とあります。基準法の規制は受けませんが、鉄道関係法令などの規制を受けます。

Q 壁面線とは？

A 道路から壁面の位置を下げるために、特定行政庁が指定する線です。

建築物の壁や柱だけでなく、2mを超える門、塀も壁面線を出てはいけません。壁面線が指定されて建物の壁が道路よりも下がると、歩道などが広がり、道路の環境が良くなります。

- 法46・1に「特定行政庁は、街区内における建築物の位置を整えその環境の向上を図るために必要があると認める場合においては、建築審査会の同意を得て、壁面線を指定することができる。この場合においては、あらかじめ、その指定に利害関係を有する者の出頭を求めて公開による意見の聴取を行わなければならない」とあります。
- 法47には「建築物の壁若しくはこれに代る柱又は高さ2mをこえる門若しくはへいは、壁面線を越えて建築してはならない」とあります。
- 一定条件をクリアすれば、壁面線を道路境界線とみなして道路幅員を拡大し、容積率を計算することができます。
- 道路境界から壁面線の間の面積は、敷地面積から除外されます。
- 田園、1種・2種低層では、「外壁の後退距離」が定められているケースがあります。その場合は道路と隣地の境界から後退しなければなりません（法54）。

$$\begin{cases} 壁面線 \rightarrow 道路から（法46）\\ 外壁の後退距離 \rightarrow 道路、隣地から（法54） \end{cases}$$

Q 道路や水路で分断された土地はひとつの敷地になる？

A 原則として、ひとつの敷地になりません。

敷地は「<u>一団の土地</u>」、ひとかたまりの連続した土地でなければなりません。
道路、水路、鉄道などで分断された土地は、ひとつの敷地にはなりません。

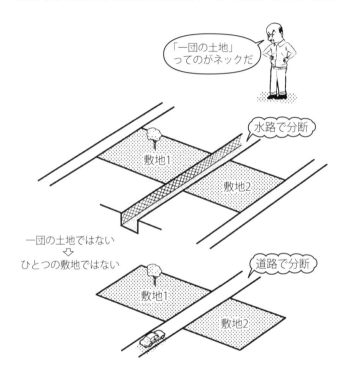

「一団の土地」
ってのがネックだ

水路で分断

敷地1

敷地2

一団の土地ではない
⇩
ひとつの敷地ではない

道路で分断

敷地1

敷地2

3

敷地

- 令1・一に、敷地とは「一の建築物又は用途上不可分の関係にある2以上の建築物のある一団の土地をいう」とあります。ここでいう一団とはひとかたまりという意味です。
- 土地が物理的に連続していればよく、地番が違う、所有権が違う、借地権と所有権が混在しているなどとは無関係です。

Q 水路で分断された土地が「一団の土地」とみなされる例外的ケースとは?

A 水路に占用許可を得た橋や暗渠（あんきょ）があって土地が一体化されている場合です。

橋がかけられて「一団の土地」とみなされれば、2つの土地はひとつの敷地とすることができます。水路が蓋がされた暗渠の場合も、暗渠部分に占用許可がとれていれば、「一団の土地」となり、ひとつの敷地となります。

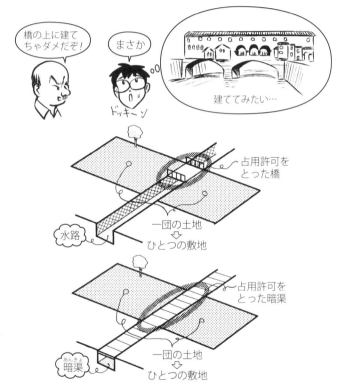

- 橋や暗渠上部は、敷地ではないので、敷地として使えません。敷地面積に入れることもできません。橋、暗渠の占用許可は、水路管理者である行政庁で受けます。
- ひとつの敷地とみなされない場合は、それぞれの敷地ごとに接道条件、容積率、建ぺい率、道路斜線、隣地斜線、北側斜線などが適用されます。
- 分けられた土地が一団の土地となるためには、さらに両方の敷地の建物が用途上不可分の関係にあることも必要です。

Q ひとつの敷地に複数の建物は建てられる？

A 建てられないのが原則です。「一敷地一建築物」が大原則です。

用途上分けられる（可分：かぶん）複数の建物を、ひとつの敷地には建てられません。2棟の住宅、2棟の共同住宅、共同住宅と病院、共同住宅と事務所などは、用途上可分なため、一緒にひとつの敷地に建てることはできません。敷地を分割して建てます。

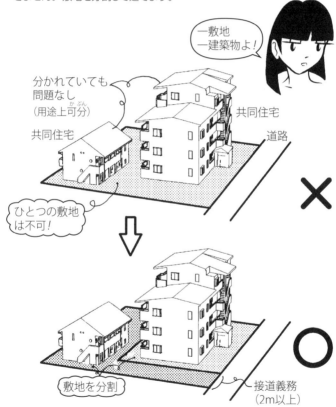

一敷地
一建築物よ！

分かれていても
問題なし
（用途上可分）

共同住宅

共同住宅

道路

ひとつの敷地
は不可！

×

3
敷地

敷地を分割

接道義務
（2m以上）

○

- 令1・一に敷地とは「一の建築物又は用途上不可分の関係にある2以上の建築物のある一団の土地をいう」とあります。「一の建築物」か「用途上不可分の関係にある2以上の建築物」しか建てられません。
- 建築物がひとつか複数かの判断は、外観、構造、機能の3つの基準から行われます（適用事例集2017）。

Q ひとつの敷地に複数の建物を建てられる<u>用途上不可分</u>の例は？

▼

A 「住宅と車庫、物置、離れ、茶室」「共同住宅と自転車置き場、集会室、電気室、プロパンガス庫、ゴミ置き場」「学校と体育館、図書館、倉庫」「病院の診療棟、病棟、研究棟」「事務所と受付棟」「工場と付属倉庫」などです。

用途上、機能上主従関係にあって分けられない場合は、ひとつの敷地に複数の建物を建てることができます。法文では「用途上不可分（ふかぶん）」と書かれています。

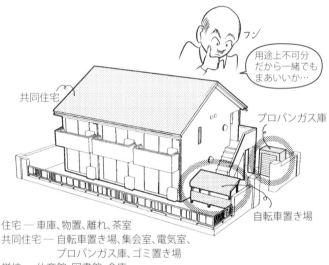

フン

用途上不可分
だから一緒でも
まあいいか…

共同住宅

プロパンガス庫

自転車置き場

住宅 ─ 車庫、物置、離れ、茶室
共同住宅 ─ 自転車置き場、集会室、電気室、
　　　　　　プロパンガス庫、ゴミ置き場
学校 ─ 体育館、図書館、倉庫
病院 ─ 診療棟、病棟、研究棟
事務所 ─ 受付棟
工場 ─ 付属倉庫

Q 一団地認定とは?

A 2以上の敷地がある一団の土地を、ひとつの敷地として特定行政庁が認定することです。

バラバラに開発されるよりも、一緒に開発した方が良好な市街地になると特定行政庁が判断した場合には、一団地認定をとれることがあります。一団地認定がなされると、ひとつの敷地として接道義務、面積制限、高さ制限などが適用されるので、有利となります。共同住宅団地の整備などに利用されます。

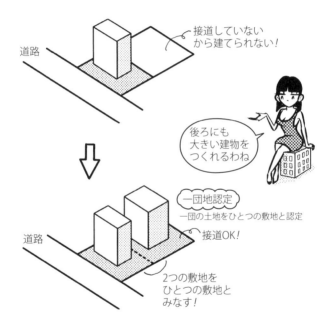

接道していないから建てられない!

道路

後ろにも大きい建物をつくれるわね

一団地認定
一団の土地をひとつの敷地と認定

接道OK!

道路

2つの敷地をひとつの敷地とみなす!

3
敷地

• 法86・1の一団地の総合的設計制度(これから建てる)、法86・2の連担建築物設計制度(既存の建物の隣に建てる)を適用する際に、2以上の敷地をひとつにする考え方が登場します。

Q 長屋は共同住宅とどう違う？

A 共用廊下、共用階段がなく、独立した住戸が集合したものです。

🔲 住戸を分ける界壁が縦に通った棟割長屋（連続建て長屋）が、長屋の基本です。2階に1階とは違う住戸を重ねると、普通は共同住宅です。それぞれの住戸に階段をひとつずつ付けて独立して地面とつなげると長屋と認められます。一般には、テラスハウスとかタウンハウスと呼ばれています。

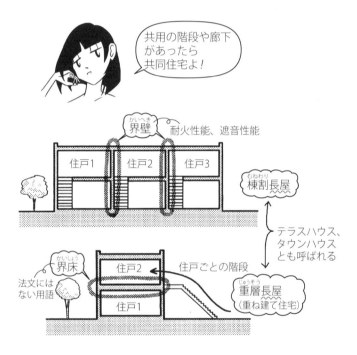

共用の階段や廊下があったら共同住宅よ！

界壁（かいへき）　耐火性能、遮音性能

住戸1　住戸2　住戸3

棟割長屋（むねわり）

テラスハウス、タウンハウスとも呼ばれる

界床（かいしょう）　法文にはない用語

住戸2

住戸ごとの階段

住戸1

重層長屋（じゅうそう）（重ね建て住宅）

- 長屋は特殊建築物（R013）ではなく、基準法上の規制がゆるいので、わざわざ戸別の階段を付けて重層長屋とすることがあります。また地域によっては条例で、路地状敷地（旗竿地）には共同住宅は無理でも長屋ならOKとされることもあります。
- 界壁とは、共同住宅、長屋などの各戸どうしを区画している壁のことです。耐火性能、遮音性能の基準が決められています（法30、令22の3、令114）。
- 長屋は条例でも多くの規制があるので、注意が必要です。

Q 2世帯住宅の基準法上の用途は？

A 住宅、長屋、共同住宅のどれかとなります。

下図左のように、左右に平面的に2世帯に分ける場合、トイレやバスなどが共同で住戸どうし行き来できる場合は、一戸の住宅とみなされます。真ん中の図のように、行き来できない場合は、間に界壁が入っていることになり、棟割りの「長屋」となります。

上下に断面的に2世帯に分ける場合、玄関が別で共用廊下、共用階段から入るような形式だと共同住宅となります。1階の玄関から入って1、2階に分かれる場合は「住宅」（戸建て住宅のこと）です。各階で別々の玄関がある場合は、「共同住宅」となります。

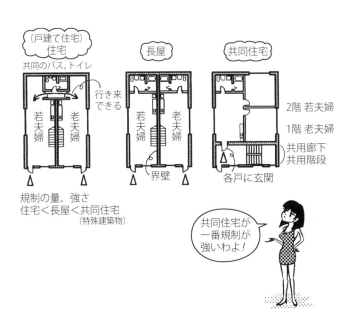

4
用途

- 2世帯住宅は基準法上の扱いが難しく、玄関や階段、廊下のとり方、行政側の解釈によって変わります。規制の量と強さの順は、住宅＜長屋＜共同住宅です。共同住宅は特殊建築物（R013）になります。
- 住宅で事務所、店舗を兼ねるものは、「兼用住宅」と呼ばれます（令130の3）。

Q 寄宿舎と共同住宅の違いは？

▼

A 共同住宅はバス、トイレ、キッチンなどの設備を有する独立した住戸が集まったもの、寄宿舎はバス、トイレ、キッチン、食堂などが共用で、寝室だけが個別に用意されたものです。

基準法では定義が明確に示されていませんが、社会通念上は上記のようになります。寝室を集めて残りは共用としたものが寄宿舎、独立した住戸を集めたものが共同住宅です。

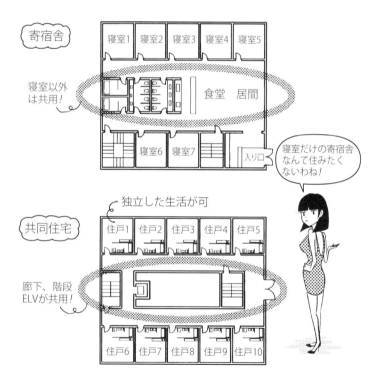

寄宿舎

| 寝室1 | 寝室2 | 寝室3 | 寝室4 | 寝室5 |

寝室以外は共用！

食堂　居間

寝室6　寝室7　入リ口

寝室だけの寄宿舎なんて住みたくないわね！

独立した生活が可

共同住宅

| 住戸1 | 住戸2 | 住戸3 | 住戸4 | 住戸5 |

廊下、階段ELVが共用！

| 住戸6 | 住戸7 | 住戸8 | 住戸9 | 住戸10 |

- 老人ホーム、グループホームは、寄宿舎とされることがあります。
- 寄宿舎、共同住宅は特殊建築物です。
- シェアハウスは寄宿舎とされ、特殊建築物となります（平25住指発4877）。

Q 用途地域とは？

A エリアごとに用途をある程度限定して無秩序な街とならないように都市計画で定めた地域です。

下図のように、小さな住宅と風俗店、大規模工場、高層ビルなどが混在していては、良い街とはいえません。

4

用途

- 市役所や区役所などで都市計画地図が売られています。都市計画地図を見ると、用途地域や面積、高さ制限などがすぐにわかります。
- 用途制限は法48、別表2にあります。特定行政庁が許可（特例許可、法48・15）する場合は、それ以外の用途でも建築可能です。

Q 用途地域にはどんなものがある？

A 下図のように、住居系8種、商業系2種、工業系3種の計13種があります。

用途地域の略称にはいろいろありますが、下もその一例です。略称で覚えておきましょう。

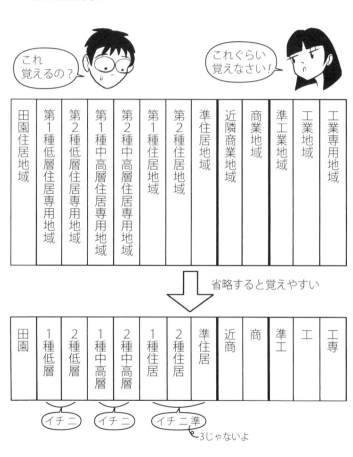

これ覚えるの？

これぐらい覚えなさい！

| 田園住居地域 | 第1種低層住居専用地域 | 第2種低層住居専用地域 | 第1種中高層住居専用地域 | 第2種中高層住居専用地域 | 第1種住居地域 | 第2種住居地域 | 準住居地域 | 近隣商業地域 | 商業地域 | 準工業地域 | 工業地域 | 工業専用地域 |

省略すると覚えやすい

| 田園 | 1種低層 | 2種低層 | 1種中高層 | 2種中高層 | 1種住居 | 2種住居 | 準住居 | 近商 | 商 | 準工 | 工 | 工専 |

イチ ニ　イチ ニ　イチ ニ 準

3じゃないよ

● 田園住居地域は、都計法9では準住居の次に配されています。用途制限や密度感では、1種低層の前に置いた方がイメージしやすいので、本書ではこのような配置としました。

Q 田園住居地域とはどんな地域？

A 農地と2階建て以下の低層住宅が併存、調和する地域です。

農地と1種低層を合わせたような用途地域です。1種低層で建てられる建築物のほかに、農産物を生産、貯蔵、販売、飲食する施設も建てられます。

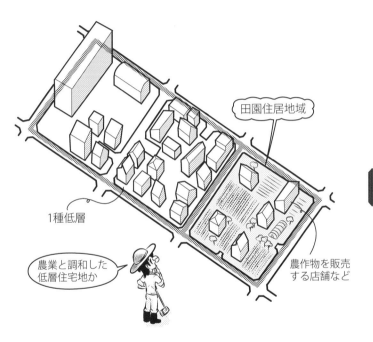

田園住居地域

1種低層

農業と調和した
低層住宅地か

農作物を販売
する店舗など

4
用途

- 用途地域の中で、もっとも密度の低い地域です。都計法9·8に「田園住居地域は、農業の利便の増進を図りつつ、これと調和した低層住宅に係る良好な住居の環境を保護するため定める地域とする」とあります。
- 田園住居地域で建築できるものは、1種低層で建築できるもののほかに、農業の貯蔵施設、農産物販売店舗、農家レストランなどがあります。

Q 第1種、第2種低層住居専用地域とはどんな地域？

A 2、3階建ての低層住宅が立ち並ぶ、用途地域の中では密度の低い地域です。

1種と2種は、建てられる用途に若干の違いがあります。2階建ての住宅が並ぶのが1種低層の代表的なイメージです。2種低層もほぼ一緒ですが、広めの通りに面していて、小規模な飲食店や理髪店などの店舗も混在するイメージです。

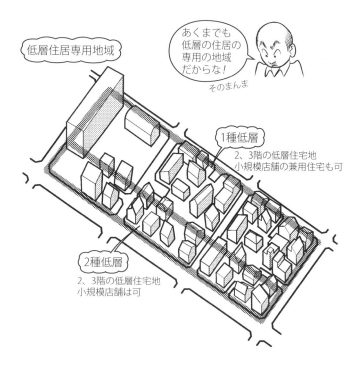

あくまでも
低層の住居の
専用の地域
だからな！

そのまんま

低層住居専用地域

1種低層
2、3階の低層住宅地
小規模店舗の兼用住宅も可

2種低層
2、3階の低層住宅地
小規模店舗は可

- 都計法9・1に「第一種低層住居専用地域は、低層住宅に係る良好な住居の環境を保護するため定める地域とする」とあります。
- 都計法9・2に「第二種低層住居専用地域は、主として低層住宅に係る良好な住居の環境を保護するため定める地域とする」とあります。

Q 第1種、第2種中高層住居専用地域とはどんな地域？

A 3〜6階程度の中高層の住宅、共同住宅や中規模な店舗が並ぶ中密度の地域です。

🔲 中規模なマンション、飲食店、理髪店、銀行支店、宅建業店などが並ぶイメージです。2種の方が店舗、事務所への規制がゆるやかです。

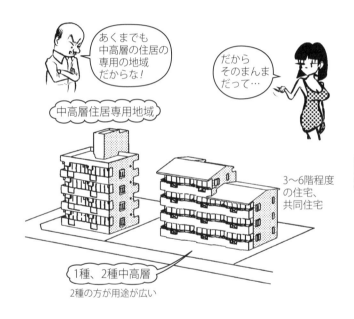

あくまでも中高層の住居の専用の地域だからな！

だからそのまんまだって…

中高層住居専用地域

3〜6階程度の住宅、共同住宅

1種、2種中高層

2種の方が用途が広い

4 用途

• 都計法9・3に「第一種中高層住居専用地域は、中高層住宅に係る良好な住居の環境を保護するため定める地域とする」とあります。
• 都計法9・4に「第二種中高層住居専用地域は、主として中高層住宅に係る良好な住居の環境を保護するため定める地域とする」とあります。

Q 第1種、第2種、準住居地域とはどんな地域？

A スーパー、ボーリング場、ホテルなどの一部の中規模商業施設が混在した、住居のための中密度の地域です。

中規模なマンション、中規模な商業施設が混在した街のイメージです。1種、2種、準の順に、用途規制がゆるやかになります。準住居は大通り沿いなどが多いです。

あくまで住居の地域だからな！

1種、2種、準住居

中規模共同住宅　中規模事務所　中規模ボーリング場　中規模ホテル

ビジネスホテルズ

ZEROボウリング

中規模店舗、飲食店

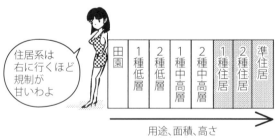

住居系は右に行くほど規制が甘いわよ

| 田園 | 1種低層 | 2種低層 | 1種中高層 | 2種中高層 | 1種住居 | 2種住居 | 準住居 |

用途、面積、高さの規制がゆるい

- 大規模集客施設は、用途、面積によっては不可となります。実際に建てられるか否かを判断するには、法別表2とそれに付随する政令を詳しく見る必要があります。
- 都計法9・5に「第一種住居地域は、住居の環境を保護するため定める地域とする」とあります。
- 都計法9・6に「第二種住居地域は、主として住居の環境を保護するため定める地域とする」とあります。
- 都計法9・7に「準住居地域は、道路の沿道としての地域の特性にふさわしい業務の利便の増進を図りつつ、これと調和した住居の環境を保護するため定める地域とする」とあります。

Q 近隣商業地域、商業地域はどういう地域？

A 大規模商業施設などが立ち並ぶ地域です。

駅前の商業系のビルが集まった所が商業地域、駅から延びる大通りの周囲が近隣商業地域のイメージです。用途、面積、高さの制限は、商業地域がもっともゆるく、映画館、劇場なども建てることができます。

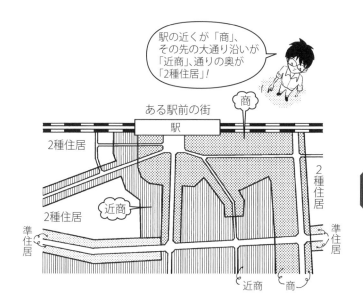

駅の近くが「商」、その先の大通り沿いが「近商」、通りの奥が「2種住居」！

ある駅前の街

4
用途

• 都計法9・9に「近隣商業地域は、近隣の住宅地の住民に対する日用品の供給を行うことを主たる内容とする商業その他の業務の利便を増進するため定める地域とする」とあります。

• 都計法9・10に「商業地域は、主として商業その他の業務の利便を増進するため定める地域とする」とあります。

Q 準工業地域、工業地域、工業専用地域とはどういう地域？

A 小規模な町工場と住宅が併存するのが準工業地域、中規模な工場が主なのが工業地域、大規模工場が集積するのが工業専用地域です。

💠 下町の町工場と住宅の併存している街が準工業地域の代表的なイメージ、中規模の工場が集まったエリアが工業地域のイメージ、湾岸の大規模コンビナートが工業専用地域のイメージです。

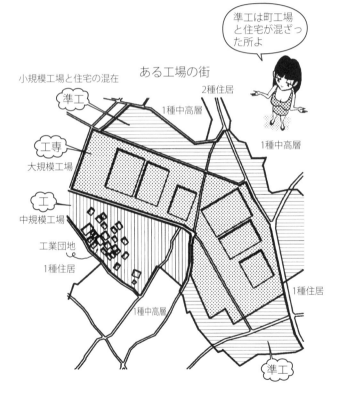

準工は町工場と住宅が混ざった所よ

ある工場の街

小規模工場と住宅の混在

準工
1種中高層
2種住居
1種中高層

工専
大規模工場

工
中規模工場

工業団地

1種住居

1種中高層

1種住居

準工

- 都計法9・11に「準工業地域は、主として環境の悪化をもたらすおそれのない工業の利便を増進するため定める地域とする」とあります。
- 都計法9・12に「工業地域は、主として工業の利便を増進するため定める地域とする」とあります。
- 都計法9・13に「工業専用地域は、工業の利便を増進するため定める地域とする」とあります。

Q 敷地が2つの用途地域をまたぐ場合はどうする?

A 面積が大きい方の用途地域の制限に従います。

面積が大きい方の用途地域に敷地全体が属しているとして、その制限のみに従うことになります。

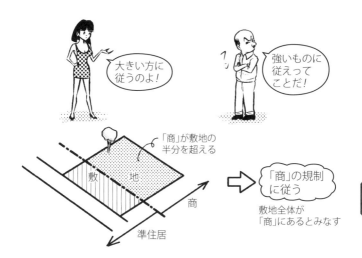

大きい方に
従うのよ!

強いものに
従えって
ことだ!

「商」が敷地の
半分を超える

敷　地

商

準住居

⇨ 「商」の規制
に従う

敷地全体が
「商」にあるとみなす

4

用途

● 法91に「建築物の敷地がこの法律の規定による建築物の敷地、構造、建築設備又は用途に関する禁止又は制限を受ける区域、地域又は地区の内外にわたる場合においては、その建築物又はその敷地の全部について敷地の過半の属する区域、地域又は地区内の建築物に関するこの法律の規定又はこの法律に基づく命令の規定を適用する」とあります。「過半の属する地域」とは、半分を超える地域の方に敷地全体があるとしてそれに従うということです。

Q 神社、寺院、教会などの宗教施設はどの用途地域で建てられる？

A すべての用途地域で建てられます。

工場の中にいるときでも、お祈りが必要な宗教もあります。信仰の自由が認められた国では、どこでも宗教施設が建てられなければなりません。

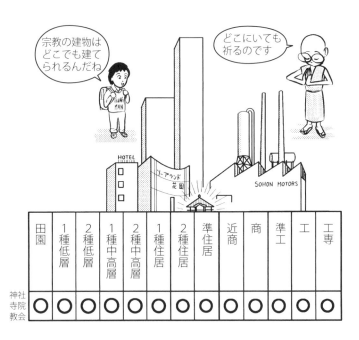

	田園	1種低層	2種低層	1種中高層	2種中高層	1種住居	2種住居	準住居	近商	商	準工	工	工専
神社 寺院 教会	◯	◯	◯	◯	◯	◯	◯	◯	◯	◯	◯	◯	◯

Q 保育所はどの用途地域に建てられる？

A すべての用途地域で建てられます。

赤ちゃんを預ける所がないと、働く親は困ります。どの用途地域にも働く親はいるわけですから、どの用途地域にも保育所は建てられなければなりません。

	田園	1種低層	2種低層	1種中高層	2種中高層	1種住居	2種住居	準住居	近商	商	準工	工	工専
厚労省 ↓ 保育所	◯	◯	◯	◯	◯	◯	◯	◯	◯	◯	◯	◯	◯
幼稚園 ↑ 文科省	◯	◯	◯	◯	◯	◯	◯	◯	◯	◯	◯	✕	✕

- 保育所（認可保育所）は、厚生労働省が管轄する「児童福祉施設」として、児童福祉法に規定されています。
- 幼稚園は文部科学省が管轄する学校で、工、工専には建てられません。
- 幼保連携型認定こども園は、3歳未満の子を保育する「児童福祉施設」と、3歳以上の子を教育する「学校」の複合施設です。「児童福祉施設」と「学校」の両方の基準を適用します。規制が異なる場合は、厳しい方を適用します。よって用途地域では、工、工専は建てられません。

4

用途

Q 診療所はどの用途地域に建てられる？

A すべての用途地域で建てられます。

人間はどこにいてもけがや病気をします。お医者さんのいる診療所（クリニック、医院）は、すべての用途地域に建てられなければなりません。

	田園	1種低層	2種低層	1種中高層	2種中高層	1種住居	2種住居	準住居	近商	商	準工	工	工専
診療所	○	○	○	○	○	○	○	○	○	○	○	○	○
病院 20床以上	×	×	×	○	○	○	○	○	○	○	○	×	×

- 診療所は19床（しょう：ベッド）以下、病院は20床以上、その他必要なスタッフの数にも決まりがあります。
- 病院は大型の建物なので田園、1種低層、2種低層は不可、そして病棟は宿泊施設に近く、健康を害さない環境として工、工専は不可となります。

Q <u>巡査派出所（交番）</u>はどの用途地域に建てられる？

A すべての用途地域に建てられます。

どこでも犯罪は起こります。治安維持のために、すべての用途地域で巡査派出所は建てることができます。

	田園	1種低層	2種低層	1種中高層	2種中高層	1種住居	2種住居	準住居	近商	商	準工	工	工専
巡査派出所	○	○	○	○	○	○	○	○	○	○	○	○	○
警察署	×	×	×	△	○	○	○	○	○	○	○	○	○

└ 5階以上は×

- <u>警察署</u>となると大型の建物となるので、田園、1種、2種低層には建てられません。1種中高層では、5階以上は建てられません。
- <u>公衆浴場</u>、<u>公衆電話所</u>（電話ボックス）は公共性が高いので、すべての用途地域で建てられます。

Q 住宅（戸建て住宅）、共同住宅、寄宿舎はどの用途地域に建てられる？

A 工業専用地域以外は建てられます。

湾岸のコンビナートのような所に家やマンションを建てるのは、住環境として好ましくありません。かといって工場の近くにも住居は必要です。そこで、工専以外の準工、工には家を建てられるようにしています。

住んだり
本を読んだりは
できそうもないな

工専

	田園	1種低層	2種低層	1種中高層	2種中高層	1種住居	2種住居	準住居	近商	商	準工	工	工専
住宅 共同住宅 寄宿舎 老人ホーム 図書館 博物館	◯	◯	◯	◯	◯	◯	◯	◯	◯	◯	◯	◯	✕

- 老人ホームはホームが付くことからもわかるように、住宅と同様、人が住んで生活する施設です。ですから住宅、共同住宅、寄宿舎と同じように、工専以外は建てられるとされています。
- 図書館、博物館は、住宅と同様に、静かな環境が必要です。ですから住宅、共同住宅、寄宿舎と同様に、工専以外は建てられるとされています。
- 住宅宿泊事業法（俗称民泊新法）で届出されたものは、基準法上は旅館やホテルではなく、住宅、共同住宅、長屋として扱われます。よって用途変更による建築確認は不要となります。

Q 幼、小、中、高の学校はどの用途地域に建てられる?

A 工業地域、工業専用地域以外は建てられます。

🟦 住居地域には学校がなければなりません。また、工、工専になると工場が
多く、騒音、大気汚染、大型車両の通行など、学校として好ましい環境と
はいえません。そこで、工、工専以外の用途地域には、学校が建てられる
とされています。

[スーパー記憶術]
<u>高校生</u>　は学校を<u>さぼる</u>
工、　工専　　学校は建てられない

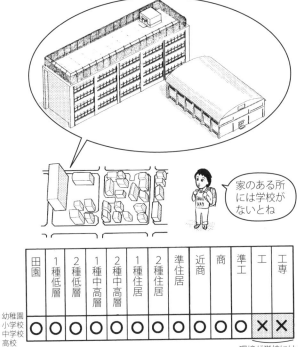

家のある所
には学校が
ないとね

	田園	1種低層	2種低層	1種中高層	2種中高層	1種住居	2種住居	準住居	近商	商	準工	工	工専
幼稚園 小学校 中学校 高校	○	○	○	○	○	○	○	○	○	○	○	×	×

環境が学校には×

- 幼稚園は学校のひとつなので、工、工専は不可。保育所は働く親が子供を預け
る所なので、すべての用途地域で可となります。
- 幼稚園は500 〜 1500戸（近隣分区）に1校、小学校は2000 〜 2500戸（近隣住区）
に1校、中学校は4000戸〜（住区群）に1校必要とされています。

4

用途

Q 大学はどの用途地域に建てられる？

▼

A 田園住居地域、第1種、第2種低層住居専用地域、工業地域、工業専用地域以外は建てられます。

大学は幼、小、中、高の学校と違って、大規模な建物になるのが普通です。また幼、小、中、高のように住宅街にある、地域に根ざしたものではありません。そこで、田園と低層の住居地域には不可としています。また工、工専が不可なのは、学校と同様に環境が理由と思われます。

ボリューム感は大学と病院は近いわね

	田園	1種低層	2種低層	1種中高層	2種中高層	1種住居	2種住居	準住居	近商	商	準工	工	工専
大学病院	×	×	×	○	○	○	○	○	○	○	○	×	×

大規模な建物は低層では×　　　　　　　　　　環境が大学・病院には×

● 病院も、田園、1種低層、2種低層、工、工専には建てられません。病院と大学の建物は、大規模なうえに、静かな環境が必要な所が似ています。

Q 店舗、飲食店が規模によらずに建てられる用途地域は？

A 近隣商業地域、商業地域、準工業地域です。

近商、商、準工は、用途規制がもっともゆるい地域です。店舗、飲食店で面積の制限なく建築できるのは、その3地域です。

お店で完全な○は
近商、商、準工
の3つだけよ

4
用途

	田園	1種低層	2種低層	1種中高層	2種中高層	1種住居	2種住居	準住居	近商	商	準工	工	工専
店舗飲食店	×	×	△	△	△	△	△	△	○	○	○	△	×

150m²
以下で
○のもの
あり

500m²
以下で
○のもの
あり

2F以下
かつ
1500m²
以下で○

3000m²
以下で○

10000m²
以下で○

完全な○は
これだけ

10000m²
以下で○

物品販売
飲食店は×

- 1種低層は一定基準の店舗併用住宅のみ可、2種低層は150m²以下で一定用途のものは可、1種中高層は500m²以下で一定用途のものは可、2種中高層は2階以下かつ1500m²以下で可、1種住居は3000m²以下で可、2種住居と準住居は10000m²以下で可です。
- 工は10000m²以下で可、工専は物品販売業と飲食店が不可です。
- 低層住居に店舗がないと高齢者らに不便といった地域の実情がある場合、特定行政庁の許可によりコンビニが可となります。

Q 事務所はどの用途地域に建てられる？

A 田園住居地域、第1種、第2種低層住居専用地域、第1種中高層住居専用地域以外は建てられます。

2種中高層、1種住居は、規模によって建てられる事務所があります。

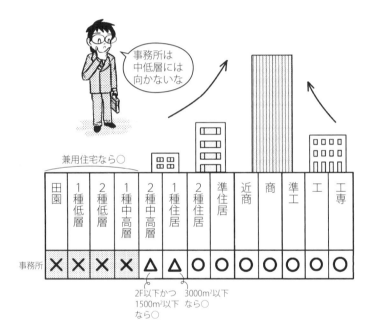

	田園	1種低層	2種低層	1種中高層	2種中高層	1種住居	2種住居	準住居	近商	商	準工	工	工専
事務所	✕	✕	✕	✕	△	△	◯	◯	◯	◯	◯	◯	◯

兼用住宅なら◯

事務所は中低層には向かないな

2F以下かつ1500m²以下なら◯

3000m²以下なら◯

- 住宅の一部を小規模事務所とした兼用住宅は、住宅と同様に、工専以外は建てられます（R079参照、令130の3）。
- 店舗の分類に入れられていますが、銀行の支店、損保代理店、宅建業の事務所は2階以下、500m²以下ならば1種中高層でも建築可能です。

Q 水泳場、スケート場、ボーリング場が建てられる用途地域は？

A 第1種住居地域から工業地域までの**7**地域です。

大型なので田園、低層、中高層は不可。運動施設なので環境の悪い工専は不可とされています。

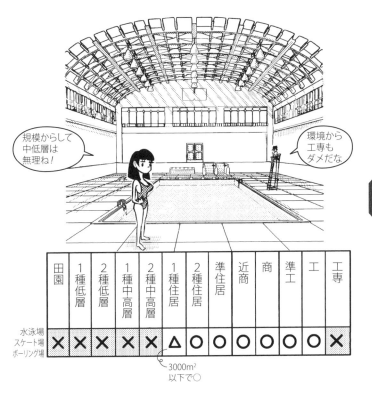

規模からして中低層は無理ね！

環境から工専もダメだな

田園	1種低層	2種低層	1種中高層	2種中高層	1種住居	2種住居	準住居	近商	商	準工	工	工専
✕	✕	✕	✕	✕	△	○	○	○	○	○	○	✕

水泳場
スケート場
ボーリング場

3000m² 以下で○

4
用途

• 1種住居は3000m²以下なら可です。

91

Q ホテル、旅館が建てられる用途地域は？

A 第1種住居地域から準工業地域までの6地域です。

ホテル、旅館は大型の建物で不特定の人が利用する商業施設なので、田園、1種、2種低層、1種、2種中高層は不可。宿泊するので、環境的な意味から工、工専は不可とされています。

	田園	1種低層	2種低層	1種中高層	2種中高層	1種住居	2種住居	準住居	近商	商	準工	工	工専
ホテル旅館	×	×	×	×	×	△	○	○	○	○	○	×	×

1種住居の△は3000m²以下で○

商の○はラブホテルは商のみ○

- 1種住居は3000m²以下のものに限られます。
- ラブホテル（もっぱら異性を同伴する客の休憩の用に供する施設）は商にしか建てられません（令130の9の2）。商以外に用途地域無指定の場所にも建てられますが、基準法でOKでも条例で不可とされることも多いので注意が必要です。

Q パチンコ屋、マージャン屋、勝馬投票券売場（場外馬券売場）が建てられる用途地域は？

▼

A 第2種住居地域から工業地域までの6地域です。

バクチの要素を伴う建物なので、住居系はほとんど不可です。2種住居、準住居は条件付きで可です。工場労働者の労働意欲のために（?）、工専は不可で、工は条件付きで可とされています。

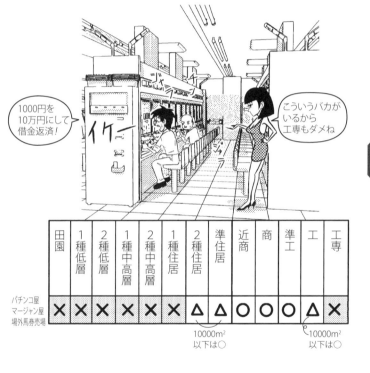

田園	1種低層	2種低層	1種中高層	2種中高層	1種住居	2種住居	準住居	近商	商	準工	工	工専
×	×	×	×	×	×	△	△	○	○	○	△	×

パチンコ屋 マージャン屋 場外馬券売場

10000m² 以下は○　　　　10000m² 以下は○

1000円を10万円にして借金返済！

こういうバカがいるから工専もダメね

4
用途

• 2種住居、準住居、工は、10000m²以下なら可です。

Q カラオケボックスが建てられる用途地域は？

A 第2種住居地域から工業専用地域までの7地域です。

大きな音の出る、不特定多数の人が利用する施設なので、住居系は不可です。2種住居、準住居は、もともと店舗の多い地域なので条件付きで可とされています。また工、工専も条件付きで可です。

田園	1種低層	2種低層	1種中高層	2種中高層	1種住居	2種住居	準住居	近商	商	準工	工	工専
✕	✕	✕	✕	✕	✕	△	△	○	○	○	△	△

カラオケボックス

10000m² 以下は○　　　　　　　　　　　　　　　　　　　　　　　10000m² 以下は○

- 2種住居、準住居、工、工専は10000m²以下なら可です。
- ダンスホールは、中学校でダンスの授業が取り入れられ、風営法の規制対象から外されたので、「カラオケボックス、その他これに類似するもの」として扱われるようになりました。

Q 建築物に付属した<u>自動車車庫</u>が建てられる用途地域は?

A 小規模なものはすべての用途地域で建てられます。

付属車庫とは、その用途地域で建築可能な建築物に付属して建てられる、その建築物の従として必要な車庫です。土地の上に車を置くだけならただの駐車場で、車庫は屋根とそれを支える柱か壁がある建築物です。小規模な付属車庫ならば、すべての用途地域で建築可能です。

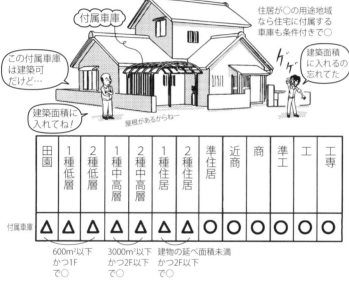

田園	1種低層	2種低層	1種中高層	2種中高層	1種住居	2種住居	準住居	近商	商	準工	工	工専
△	△	△	△	△	△	△	○	○	○	○	○	○

付属車庫

600m²以下かつ1Fで○ 　3000m²以下かつ2F以下で○ 　建物の延べ面積未満かつ2F以下で○

●田園、1種、2種低層では600m²以下かつ1階で可。1種、2種中高層では3000m²以下かつ2階以下で可。1種、2種住居では車庫以外の延べ面積未満かつ2階以下で可です。

Q 規模によらずに自動車車庫が建てられる用途地域は?

A 準住居地域から工業専用地域までの6地域です。

独立した大型の車庫の場合は、ガソリンを積んだ車が集積するため、火災の危険性、排気ガスの環境への影響、出入庫時の危険性などから、建てられる地域はかなり制限されます。

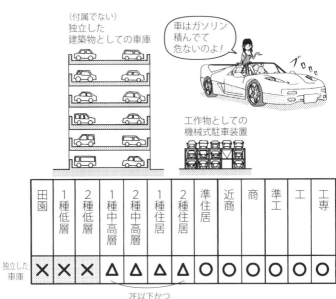

（付属でない）
独立した
建築物としての車庫

車はガソリン
積んでて
危ないのよ！

工作物としての
機械式駐車装置

	田園	1種低層	2種低層	1種中高層	2種中高層	1種住居	2種住居	準住居	近商	商	準工	工	工専
独立した車庫	✕	✕	✕	△	△	△	△	○	○	○	○	○	○

2F以下かつ
300m²以下で○

- 1種中高層から2種住居までは、2階以下かつ300m²以下で可となります。
- 屋根のない機械式駐車装置は、建築物ではない工作物に分類されることがあります。その場合でも床面積に入れなければなりません。
- 駐車場法、条例などでも規制があるので注意が必要です。

Q 営業用の倉庫が建てられる用途地域は？

A 準住居地域から工業専用地域までの **6** 地域です。

◈ 大型の自動車車庫が建てられる地域に似ています。

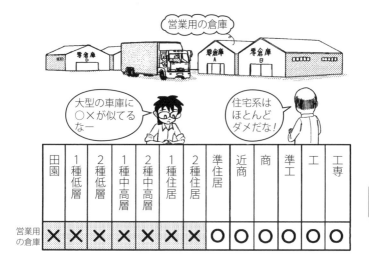

	田園	1種低層	2種低層	1種中高層	2種中高層	1種住居	2種住居	準住居	近商	商	準工	工	工専
営業用の倉庫	×	×	×	×	×	×	×	○	○	○	○	○	○

4

用途

• 自己使用の倉庫、トランクルームなどは、規模によっては **2** 種中高層、**1** 種、**2** 種住居も可となります。

Q 映画館、劇場が無条件で建てられる用途地域は？

A 近隣商業地域、商業地域、準工業地域の3地域です。

近商、商、準工の3地域は、もっとも用途制限のゆるい地域です。店舗、飲食店が無条件で可なのもこの3地域です。

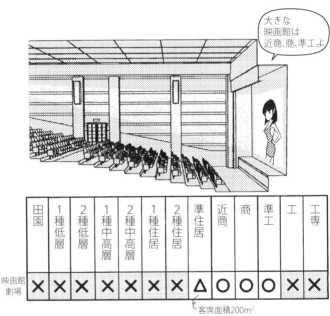

大きな
映画館は
近商、商、準工よ

	田園	1種低層	2種低層	1種中高層	2種中高層	1種住居	2種住居	準住居	近商	商	準工	工	工専
映画館劇場	×	×	×	×	×	×	×	△	○	○	○	×	×

客席面積200m²
未満で○

● 準住居は客席面積が200m²未満という条件付きで可となります。

★ R092 用途地域に建てられる建物 その18

Q キャバレーが建てられる用途地域は？

A 商業地域、準工業地域の2地域です。

> キャバレーは、住む所、仕事をする所からなるべく離した方がよいという発想です。

	田園	1種低層	2種低層	1種中高層	2種中高層	1種住居	2種住居	準住居	近商	商	準工	工	工専
キャバレー	×	×	×	×	×	×	×	×	×	○	○	×	×

- 料理店も商と準工だけ可です。この場合の料理店は飲食店とは違って、女性によるサービスが付くものです。
- 個室付き浴場（ソープランド）は商だけ可です。

Q 危険性が大きいか、著しく環境を悪化させるおそれがある工場が建てられる用途地域は？

A 工業地域、工業専用地域の2地域です。

危険性が大きいか、または著しく環境を悪化させるおそれのある工場の場合は、工、工専だけ建築可とされています。

危険な工場は工と工専だけ

	田園	1種低層	2種低層	1種中高層	2種中高層	1種住居	2種住居	準住居	近商	商	準工	工	工専
危険性 or 環境悪化のおそれのある工場	✕	✕	✕	✕	✕	✕	✕	✕	✕	✕	△	○	○

150m²超 or 危険性、環境悪化の
おそれのある「やや」大きい工場なら○

- 作業場の床面積が**150m²**を超える、または危険性や環境を悪化させるおそれのあるやや大きい工場は準工、工、工専で可となります。
- 小規模で危険性や環境悪化のおそれの少ない工場は、2種中高層から可とされています。
- 危険物の具体的な内容については、法別表2と政令で細かく指定されています。

Q 建築面積とは?

▼

A 上空から見た、建物が土地を覆っている面積です。

「外壁やこれに代わる柱の中心線で囲まれた部分の水平投影面積」と定義されています（令2・1・二）。上から平行光線を当てると、建物の影ができます。その影の面積が建築面積です。

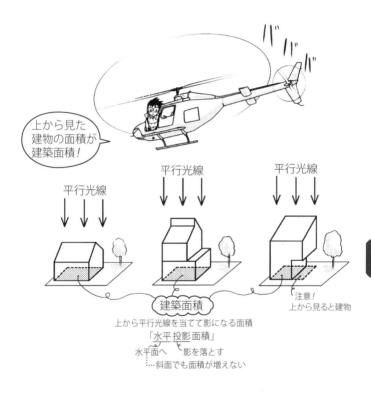

上から見た
建物の面積が
建築面積!

平行光線

平行光線

平行光線

注意！
上から見ると建物

建築面積

上から平行光線を当てて影になる面積
「水平投影面積」
水平面へ　影を落とす
…斜面でも面積が増えない

5

面積

● 航空写真での屋根の面積です。屋根の外壁からの出には規定があります。

● 建築面積、床面積、延べ面積、建ぺい率、容積率の違いに関しては、学生からの質問が非常に多くあります。細かい規定を覚える前に、しっかりと理屈を理解しておきましょう。

Q 床面積、延べ面積とは？

A 建物内部の各階の面積が床面積、その合計が延べ面積です。

建築面積は上から見た建物の占める面積でしたが、床面積は建物内部の床の面積です。建物内部に入らないとわかりません。

各階の床面積の合計が延べ面積です。実務では延べ床面積と呼ばれることもありますが、法文では延べ面積となっています。

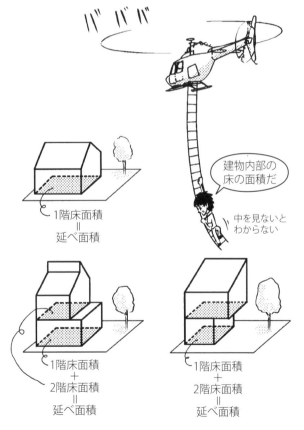

建物内部の
床の面積だ

中を見ないと
わからない

1階床面積
＝
延べ面積

1階床面積
＋
2階床面積
＝
延べ面積

1階床面積
＋
2階床面積
＝
延べ面積

- 令2·1·三に、床面積とは「建築物の各階又はその一部で壁その他の区画の中心線で囲まれた部分の水平投影面積による」とあります。
- 令2·1·四に、延べ面積とは「建築物の各階の床面積の合計による」とあります。

Q 建ぺい率とは?

A 建築面積／敷地面積で表される、どれくらい建物が土地を覆っているかの割合です。

上から見て、どれくらい敷地を建物が覆っているかの割合、平行光線を上から当てると、土地の上にどれくらい影が落ちるかの割合です。建ぺい率40%とは、敷地の40%が建物で覆われているという意味です。

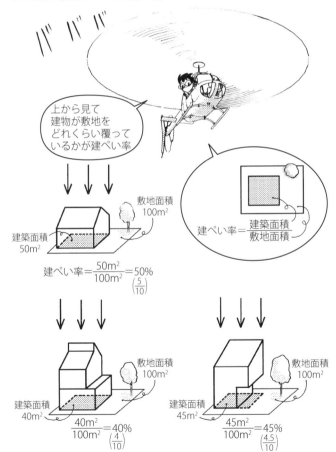

上から見て
建物が敷地を
どれくらい覆って
いるかが建ぺい率

敷地面積 100m²
建築面積 50m²

$$建ぺい率＝\frac{50m^2}{100m^2}＝50\% \left(\frac{5}{10}\right)$$

$$建ぺい率＝\frac{建築面積}{敷地面積}$$

敷地面積 100m²
建築面積 40m²

$$\frac{40m^2}{100m^2}＝40\% \left(\frac{4}{10}\right)$$

敷地面積 100m²
建築面積 45m²

$$\frac{45m^2}{100m^2}＝45\% \left(\frac{4.5}{10}\right)$$

5

面積

- 40%は法文では4/10と表現されています。
- 建ぺい率の定義は法53・1にあります。

Q 容積率とは？

A 延べ面積／敷地面積で表される、敷地に対してどれくらい床面積があるかの割合です。

床面積の合計が敷地に対してどれくらいの割合になるかが容積率です。建物の中に2階、3階、4階と床が何層も入っていると、容積率は大きくなります。

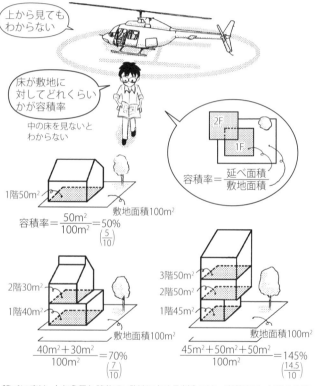

上から見てもわからない

床が敷地に対してどれくらいかが容積率

中の床を見ないとわからない

$$容積率 = \frac{延べ面積}{敷地面積}$$

1階50m²
敷地面積100m²

$$容積率 = \frac{50m^2}{100m^2} = 50\% \left(\frac{5}{10}\right)$$

2階30m²
1階40m²
敷地面積100m²

$$\frac{40m^2 + 30m^2}{100m^2} = 70\% \left(\frac{7}{10}\right)$$

3階50m²
2階50m²
1階45m²
敷地面積100m²

$$\frac{45m^2 + 50m^2 + 50m^2}{100m^2} = 145\% \left(\frac{14.5}{10}\right)$$

- 建ぺい率は、上から見た建物の、敷地に占める割合です。容積率は、内部の床の、敷地に対する割合です。
- 敷地面積よりも床面積の合計、すなわち延べ面積が大きくなることもあるので、容積率は100%を超えることもよくあります。
- 容積とは普通は体積を意味します。建築で体積を扱うと非常に大変なので、床面積の合計を体積の代わりに使っています。
- 容積率の定義は法52・1にあります。

Q 都市計画で指定された建ぺい率（指定建ぺい率）、容積率（指定容積率）と、実際の建物の建ぺい率、容積率の関係は？

A 実際の建ぺい率≦指定建ぺい率、実際の容積率≦指定容積率です。

都市計画地図の上で、各地域ごとに建ぺい率、容積率が指定されています。これから設計される建物の建ぺい率、容積率は、その指定されたものを超えてはいけない決まりです。

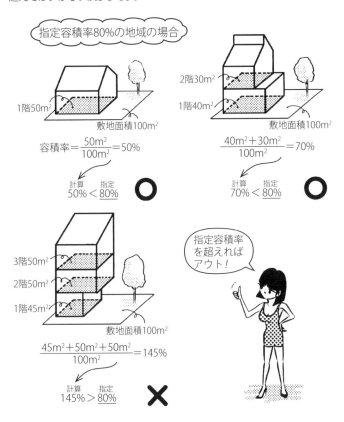

指定容積率80%の地域の場合

1階50m²
敷地面積100m²

容積率＝$\dfrac{50m^2}{100m^2}$＝50%

計算　指定
50% < 80%　○

2階30m²
1階40m²
敷地面積100m²

$\dfrac{40m^2+30m^2}{100m^2}$＝70%

計算　指定
70% < 80%　○

3階50m²
2階50m²
1階45m²
敷地面積100m²

$\dfrac{45m^2+50m^2+50m^2}{100m^2}$＝145%

計算　指定
145% > 80%　×

指定容積率を超えればアウト！

5
面積

• 指定容積率以外に、道路の幅員から決まる容積率（道路容積率）もあります。建物の実際の容積率は、その両者よりも小さくなければなりません。

Q 建築面積、延べ面積の最大値を求めるには？

A 敷地面積×指定建ぺい率、敷地面積×指定容積率で求まります。

建物の建ぺい率、容積率は、指定建ぺい率以下、指定容積率以下にしなければなりません。ぎりぎり最大の建築面積、延べ面積は、指定建ぺい率、指定容積率を敷地面積に掛ければ算出できます。

敷地面積に
率を掛ければ
最大値が出る

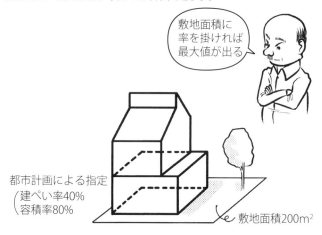

都市計画による指定
（建ぺい率40%
　容積率80%）

敷地面積200m²

$$\boxed{Max} = \boxed{敷地面積} \times \overbrace{率}$$

建築面積のMax ＝敷地面積×指定建ぺい率
$$= 200m^2 \times \frac{40}{100}$$
$$= 80m^2$$

延べ面積のMax ＝敷地面積×指定容積率
$$= 200m^2 \times \frac{80}{100}$$
$$= 160m^2$$

● 指定容積率のほかに、道路幅員から決まる容積率（道路容積率）以下である必要もあります。敷地面積×指定容積率、敷地面積×道路容積率のうち、小さい方（厳しい方）が延べ面積の最大値になります。

● 学生に面積の問題を解かせると、最大値をxとして、x／敷地面積＝指定容積率として比例計算の式を解く人もいます。間違いではありませんが、いちいち方程式を解くのは面倒なので、「敷地面積×率」と覚えてしまった方が早いでしょう。

Q 指定建ぺい率に<u>1/10 (10%)</u>足すことができるのはどんな場合？

A 特定行政庁が指定した角地の場合、および防火地域でかつ耐火建築物等の場合、または準防火地域でかつ準耐火建築物等の場合です。

指定角地や、防火地域（R206参照）で耐火建築物の場合は、防火性が優れています。よって、大きめに建てても**OK**とされました。

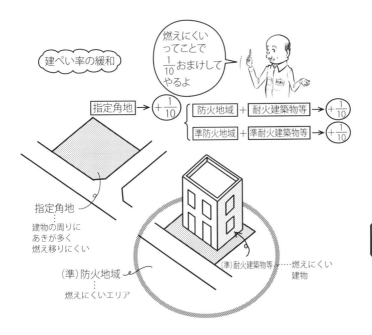

5
面積

- 法53・3・一によると、防火地域の場合は建ぺい率の限度が8/10の地域を除くとされています（次頁参照）。
- 指定角地でさらに（準）防火地域、かつ（準）耐火建築物等の場合、<u>2/10 (20%)</u>加えることができます。
- 耐火建築物等とは法53・3・一・イ「耐火建築物又はこれと同等以上の延焼防止性能（中略）を有するものとして政令で定める建築物」とされ、準耐火建築物等も法53・3・一・ロに同様の定めがあります。

Q 建ぺい率の制限がなくなるのはどんな場合?

A 指定建ぺい率が8/10の地域で、かつ防火地域で、かつ耐火建築物等の場合です。

もともと建ぺい率8/10の地域は、密度が高く設定されています。そのうえに防火地域で耐火建築物の場合は防火性が高いので、建ぺい率無制限、つまり10/10、100%建ててもOKとされました。

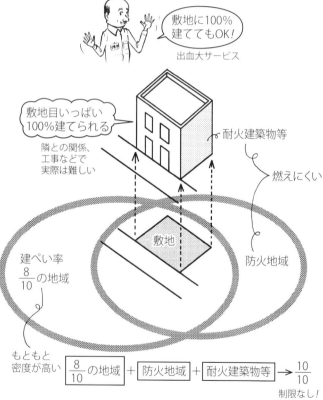

敷地に100%建ててもOK!

出血大サービス

敷地目いっぱい100%建てられる

隣との関係、工事などで実際は難しい

耐火建築物等

燃えにくい

敷地

防火地域

建ぺい率 $\frac{8}{10}$ の地域

もともと密度が高い $\boxed{\frac{8}{10}\text{の地域}}$ ＋ $\boxed{\text{防火地域}}$ ＋ $\boxed{\text{耐火建築物等}}$ → $\frac{10}{10}$

制限なし!

- 法53・6・一に、この規定があります。
- 民法234条には、外壁を隣地から50cm離さなければならないという規定があります。民法なので行政側からは、何ら指導はありません。商業地では、隣地ぎりぎりに建てられていることもよくあります。実務では、隣が隣地境界ぎりぎりに建てていればぎりぎりに建てる、離れていたら離すのが一般的です。

Q 建ぺい率制限のない建築物は？

A 巡査派出所（交番）、公衆便所、<u>公共用歩廊（アーケード）</u>などの建築物、
公園、広場、道路、川の内にあって特定行政庁が許可した建築物です。

公共性のある小規模またはじゃまにならない建物、公共の場所にある建物
で許可を受けた建物は、建ぺい率制限を受けません。

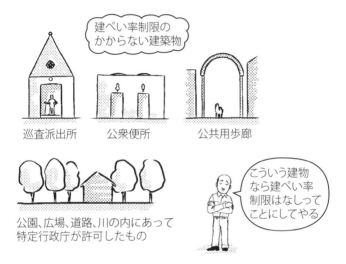

建ぺい率制限の
かからない建築物

巡査派出所　　　公衆便所　　　　公共用歩廊

公園、広場、道路、川の内にあって
特定行政庁が許可したもの

こういう建物
なら建ぺい率
制限はなしって
ことにしてやる

5

面積

●法53・6・二、三に上記の規定があります。

Q 建築面積、床面積は壁のどこを基準に計算する？

▼

A 壁の中心線（壁芯＝壁心）で計算します。

面積計算をする場合は、外壁の中心線（芯線＝心線）で計算します。外面（そとづら）、内面（うちづら）ともに、でこぼこしているうえに動いてしまい不安定で、計算の根拠として曖昧だからです。

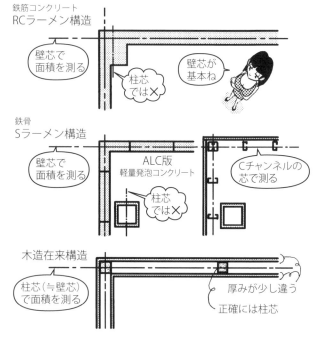

鉄筋コンクリート
RCラーメン構造

壁芯で面積を測る

壁芯が基本ね

柱芯では×

鉄骨
Sラーメン構造

壁芯で面積を測る

ALC版
軽量発泡コンクリート

Cチャンネルの芯で測る

柱芯では×

木造在来構造

柱芯（≒壁芯）で面積を測る

厚みが少し違う

正確には柱芯

- 建築面積については令2・1・二に「外壁又はこれに代わる柱の中心線」とあり、床面積については令2・1・三に「壁その他の区画の中心線」とあります。
- RC造の場合、構造躯体のほかに増し打ちの厚み、内外の仕上げの厚みが加わりますが、それらは無視します。ラーメン構造の場合、柱芯ではなく壁芯です。鉄骨造でALC版（厚さ100mm程度）を張った場合ではALC版の中心線、Cチャンネルで薄い板（厚さ15mm程度）を支えている場合はCチャンネルの中心線で測ります。在来木造では柱芯（ほぼ壁芯）です。
- 登記の際の面積は、木造では柱芯、壁芯で計算しますが、RC造の区分所有マンションでは、壁の内側で計算した内法（うちのり）面積となります。不動産登記法と基準法の規定の相違です。現況の見た目の状況を重視するか、施工での構造体を重視するかの違いです。

Q 地下室の建築面積はどうする?

A 地盤面上 1m以下の場合は算入しなくてもよいとされています。

地盤面から屋根の上端までが1m以下の地下室などは、建築面積に入れなくてよいとされています。地面に近いので、ないものとしてよい、地面と考えてよいということです。

> 高さが
> 1m以下なら
> 地面として見て
> やるってことだ

> 1m以下なら
> 建築面積に
> 入れなくてOK!

> 1mを超える
> と入れる

○　　○　　×

> 出る杭は
> 打たれるって
> やつか

5

面積

• 令2・1・二の建築面積の定義に「地階で地盤面上1m以下にある部分を除く」とあります。

Q 軒、ひさしの建築面積はどうする？

▼

A 壁芯から1m以上突き出た場合は、先端から1m後退した線で計算します。

上から見た建物の面積、上から平行光線を当てた影の面積が建築面積です。その場合に問題なのが、屋根の軒、ひさしなどの張り出した部分です。そこで1mバックという条文が用意されています。1m未満の出ならば、ないものとして、壁芯で計算します。

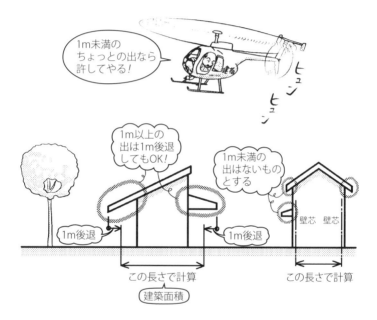

● 令2・1・二の建築面積の定義に「軒、ひさし、はね出し縁その他これらに類するもので当該中心線から水平距離1m以上突き出たものがある場合においては、その端から水平距離1m後退した線」とあります。

Q ひさしに柱がある場合は、建築面積はどうなる？

A 柱芯で囲まれた部分は建築面積に入ります。

法文に軒、ひさし、はね出し縁とあるように、1m後退の緩和規定を受けられるのは、はね出された部分のみです。はね出された、片持ちにされた、キャンティレバーされた部分だけ1m後退が許されます。柱があれば柱芯までの面積は、外壁がある場合と同様に建築面積に算入します。

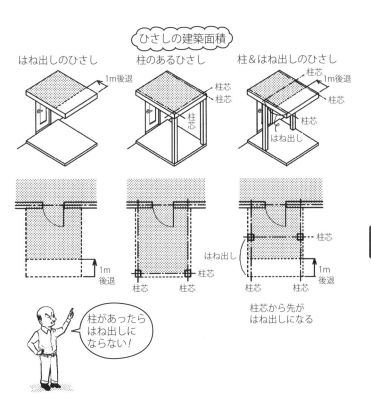

ひさしの建築面積

はね出しのひさし　柱のあるひさし　柱＆はね出しのひさし

柱があったら
はね出しに
ならない！

柱芯から先が
はね出しになる

5
面積

● 玄関ポーチ、カーポートなどで高い開放性を有する場合は、緩和されることもあります。微妙な判断は、最終的には各行政庁によります。

R107 建築面積のとり方　その4

Q 片持ちではね出されたバルコニー、ベランダ、外廊下の建築面積はどうする？

A 外壁芯から1m以上突き出た場合は、先端から1m後退した線で計算します。

軒、ひさしとまったく同じ扱いとなります。法文では「はね出し縁」とされていますが、はね出された縁側状の部分で、バルコニー、ベランダ、外廊下などのことです。

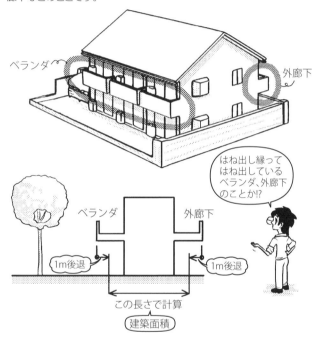

- はね出さずに柱で支えると、建築面積に算入しなければならないことがあります。
- バルコニー（**balcony**）、ベランダ（**veranda**）、テラス（**terrace**）の違いについては、学生からよく聞かれます。わかりやすいのはテラスで、土、大地という意味のテラが語源となっており、土の上にあるコンクリートの版や石、タイルの張られたものがテラスです。ルーフテラスは、屋根の上を大地のように使うスペースのことです。バルコニーは建物から独立して部分的に突き出て手すりを回したもので、ヨーロッパの組石造でよく見られ、ジュリエットがロミオに思いを告げるのはバルコニーです。ベランダはヒンズー語を語源とし、屋根の付いた連続的な縁側、アジア的な軒先部分のことを指します。しかし現在の日本では、バルコニーとベランダは混同して使われ、避難上有効なバルコニー（**R251**参照）は、独立していても連続していても可能です。

Q 外壁から中に入った<u>へこんだベランダ</u>は、建築面積に入れる？

A 入れます。

「はね出し縁」とはならず、建築面積に入れる必要があります。

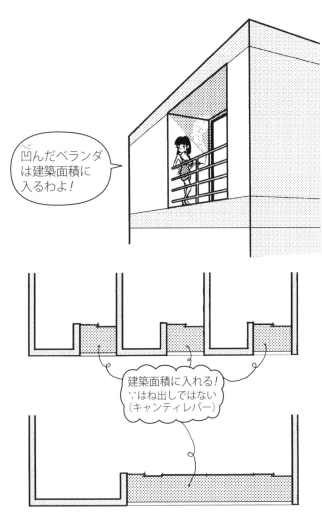

凹んだベランダ
は建築面積に
入るわよ！

建築面積に入れる！
∵はね出しではない
（キャンティレバー）

〈115〉

Q 床をすのこ、グレーチングなどの透けた材料でつくったベランダ、バルコニーは建築面積に入れる?

A 入れなくてもよい場合があります。

すのことは床板を隙間をあけて張ること、グレーチング(grating)とは排水溝などに用いる格子状、網状の金属製の材料です。グレーチングは、最近では内外の床で広く使われるようになりました。実際に建築面積に入れるか否かは、各行政庁の判断となります。

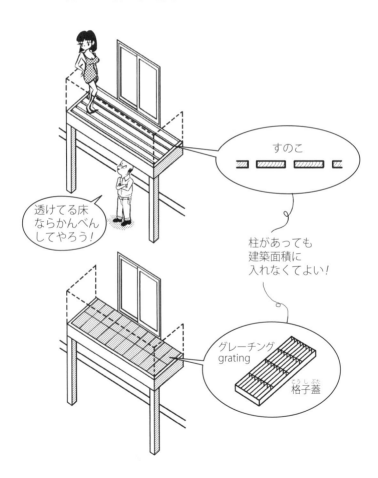

透けてる床ならかんべんしてやろう!

すのこ

柱があっても建築面積に入れなくてよい!

グレーチング
grating
格子蓋(こうしぶた)

Q 建物に沿わせた直線状の<u>屋外階段</u>では、建築面積はどうなる?

A はね出しの階段は先端から<u>1m</u>後退した線で計算し、柱や壁で囲まれている場合はその芯で計算します。

 柱や壁から片持ち（キャンティレバー）された外階段は、はね出し縁と同じように先端から1mまでは入れなくても可です。柱、壁に囲まれた屋外階段は建築面積に入れなければなりません。

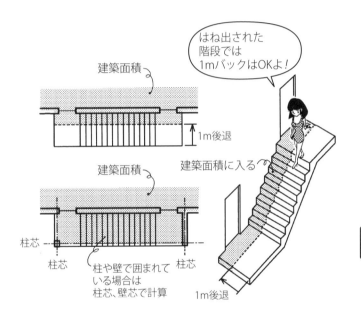

はね出された
階段では
1mバックはOKよ!

建築面積

1m後退

建築面積に入る

建築面積

柱芯

柱芯　　　柱や壁で囲まれて　　　柱芯
　　　　いる場合は
　　　　柱芯、壁芯で計算　　　1m後退

5

面積

• はね出されたベランダ、バルコニー、階段は、柱で支えるよりも構造的に安定しません。重みで長年の間に先端が下がると、根元の防水立ち上がりの部分に亀裂が生じて、水が漏れやすくなります。しかし、土地に少しでも大きく建てようとした場合、このはね出しの緩和を使わざるを得ません。無理なはね出しを誘発するこの法律は、あまり好ましくないと筆者は考えています。

Q <u>折り返しの屋外階段では、建築面積はどうなる？</u>

A 中央の壁、柱で支える場合は先端から<u>1m後退</u>が可、外側の壁、柱で支える場合は壁芯、柱芯で計算、一部はね出しがある場合はその部分だけ先端から1m後退が可です。

🔷 折り返し階段もバルコニー、ベランダと同様に、はね出しは先端から1m後退、柱、壁に囲まれているときは、芯で計算します。

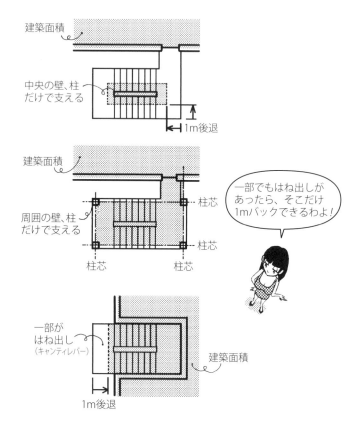

建築面積

中央の壁、柱
だけで支える

←1m後退

建築面積

周囲の壁、柱
だけで支える

柱芯

柱芯

柱芯　　　柱芯

一部でもはね出しがあったら、そこだけ1mバックできるわよ！

一部が
はね出し
(キャンティレバー)

建築面積

1m後退

Q 出窓の建築面積、床面積はどうなる？

A 条件によっては入れなくてもすみます。

床面からの高さが30cm以上、外壁面からの出が50cm未満、出窓全体の見付け面積（正面から見た面積）の1/2以上が窓などの条件で、建築面積、床面積には入れなくて可とされています。

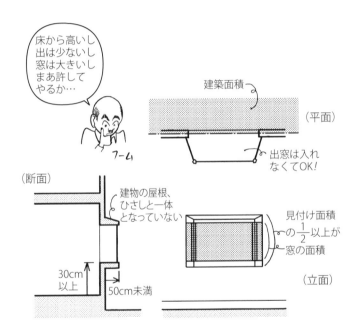

床から高いし
出は少ないし
窓は大きいし
まあ許して
やるか…

フーム

建築面積

（平面）

出窓は入れ
なくてOK!

（断面）

建物の屋根、
ひさしと一体
となっていない

見付け面積
の $\frac{1}{2}$ 以上が
窓の面積

30cm
以上

50cm未満

（立面）

5

面積

• 昭61住指発115「建築物の床面積算定方法」に、上記の規定があります。建築面積はその床面積算定方法に準じています。

Q 築造面積とは？
▼
A 建築物ではない工作物の、水平投影面積です。

工作物とは、建築物よりも広い概念で、建築物もその中に含まれます。築造面積とは、建築物以外の工作物の土地に占める面積です。やはり上から平行光線を当てて、水平平面にできた影の面積を測ります。建築面積と違うのは、外壁または柱の中心線で囲まれた部分の水平投影面積ではなく、輪郭線での水平投影面積となる点です。

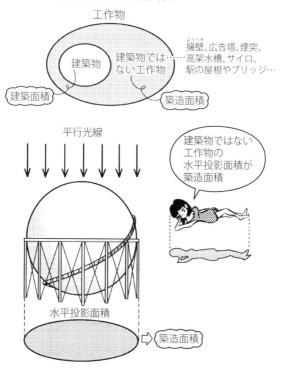

工作物

建築物

建築物ではない工作物

建築面積

築造面積

擁壁、広告塔、煙突、高架水槽、サイロ、駅の屋根やブリッジ…

平行光線

水平投影面積

築造面積

建築物ではない工作物の水平投影面積が築造面積

● 令2・1・五に、築造面積とは「工作物の水平投影面積による。ただし、国土交通大臣が別に算定方法を定めた工作物については、その算定方法による」とあります。

● 国土交通大臣の定めた算定方法とはたとえば、昭50建告644に「建築基準法施行令第138条第3項第二号に掲げる自動車車庫の用途に供する工作物で機械式駐車装置を用いるものの築造面積は、15m²に当該工作物に収容することができる自動車の台数を乗じて算定するものとする」などがあります。

Q 階段の床面積は上階、下階どちらに入れる？

A 階段下の床は下階の床面積に、階段自体の床は上階の床面積に入れます。

階段下の部分を、RCの壁などで区画して、完全にデッドスペースとしなければ、通常は床面積に入れます。結果的に階段部分は、下階も上階も入れることになります。

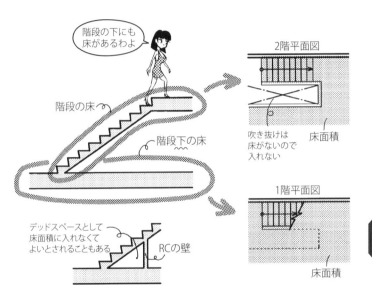

階段の下にも
床があるわよ

階段の床

階段下の床

デッドスペースとして
床面積に入れなくて
よいとされることもある

RCの壁

2階平面図

吹き抜けは
床がないので
入れない

床面積

1階平面図

床面積

5

面積

• 2回以上の折り返しで上る階段の場合は、二重に面積を加えなくてよい、重層加算しなくてよいとされています。

Q <u>エレベーターシャフト</u>、<u>パイプシャフト</u>（パイプスペース）の床面積は？
▼
A エレベーターシャフトは床面積に入れず、パイプシャフトは床面積に入れます。

 シャフトとは、煙突状の縦長の穴のことです。エレベーターのかごが上下する穴がエレベーターシャフト（昇降機の昇降路）、縦のパイプを通す穴がパイプシャフトです。エレベーターシャフトの穴は、床面積に入れる必要はありません。

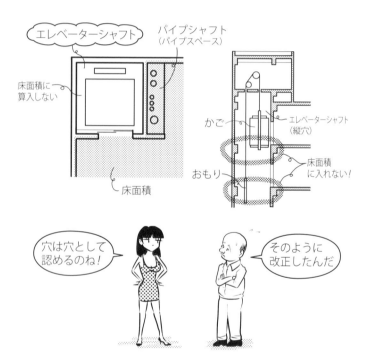

・平成26年の改正で、エレベーターシャフトは床面積に入れなくてもよいことになりました。法52・6に、容積率算定時の延べ面積に算入しないとあります。

・パイプシャフトは、床スラブで防火区画するために、穴を各階でふさいでいるのが普通です。パイプシャフトには各階に床があるというわけです。床があれば、床面積に入れる必要があります。

Q 玄関ポーチ、車寄せ、寄り付きの床面積は?

A 通行のみに使われる場合は床面積に入れなくても可とされています。

「ポーチ」とは入り口部分で建物よりも出ている部分、「車寄せ」は車を寄せるためにひさしの付いている入り口部分、「寄り付き」とは建物よりもへこんだ入り口部分のことです。ガラス、シャッターなどがない屋外ならば、入り口だけに使う部分は床面積に入れなくて可です。寄り付きでは、奥行きが深すぎると内部廊下とみなされて、床面積に入れなければなりません。

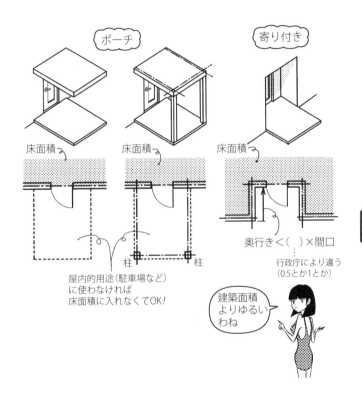

ポーチ

寄り付き

床面積

床面積

床面積

奥行き<（　）×間口
　　　　　　　　行政庁により違う
　　　　　　　　（0.5とか1とか）

屋内的用途（駐車場など）
に使わなければ
床面積に入れなくてOK!

柱　　　柱

建築面積
よりゆるい
わね

- 昭61住指発115「建築物の床面積の算定方法」に、ポーチは「原則として床面積に算入しない。ただし、屋内的用途に供する部分は、床面積に算入する」とあります。
- 凹状の場合、床面積に入れなくてよい奥行き寸法は、間口分または間口×1/2分などと、行政庁によって変わります。

5

面積

Q 吹きさらしの（開放的な）バルコニー、ベランダ、外廊下は床面積に入る？

A 吹きさらしの条件をクリアすれば、**2m**までは入れなくても可です。

床面積は建物内部となる床の面積で、吹きさらしの外部は基本的には含まれません。バルコニー、ベランダの吹きさらしの条件は、手すり上のあき h_1 が1.1m以上、天井高 h_2 の1/2以上で、外気に有効に開放されていることです。

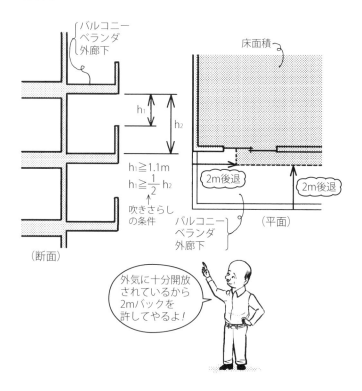

$h_1 \geqq 1.1m$
$h_1 \geqq \dfrac{1}{2} h_2$
吹きさらしの条件

（断面）

（平面）

バルコニー
ベランダ
外廊下

床面積

2m後退

2m後退

外気に十分開放されているから2mバックを許してやるよ！

- 昭61住指発115「建築物の床面積の算定方法」に、バルコニー、ベランダ、吹きさらしの外廊下について、上記の条件が書かれています。
- エアコン室外機の設置部分は床面積に入れなくて**OK**ですが、柵で囲うと床面積に算入されます。

Q 壁で囲まれた吹きさらしの（開放的な）バルコニー、ベランダ、外廊下は床面積に入る？

▼

A 吹きさらしの条件をクリアすれば、2mまでは入れなくても可です。

建築面積は、壁で囲まれた部分を入れなければなりません。床面積の場合は、一定の吹きさらしの条件をクリアすれば、2mまでは入れなくて可とされています。

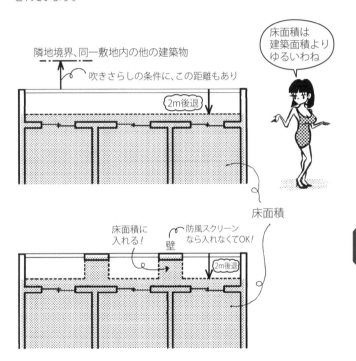

隣地境界、同一敷地内の他の建築物

吹きさらしの条件に、この距離もあり

2m後退

床面積は建築面積よりゆるいわね

床面積

床面積に入れる！

防風スクリーンなら入れなくてOK！

壁

2m後退

5

面積

• 昭61 住指発 115「建築物の床面積の算定方法」に、バルコニー、ベランダ、吹きさらしの外廊下について、上記の条件が書かれています。バルコニー先端から隣地境界、敷地内の他の建築物までの距離の規定もあります。

Q 外気に開放された<u>ピロティ</u>は床面積に入る？

A 十分に開放され、屋内的用途に使わないピロティは床面積に入れなくても可です。

「十分に開放され」とは、一般には周長の1/2以上を道路や空地などに開放されていることをいいます。そして屋内的な用途ではない通行のためや庭園として使われる場合は、床面積に入れなくてよいとされています。

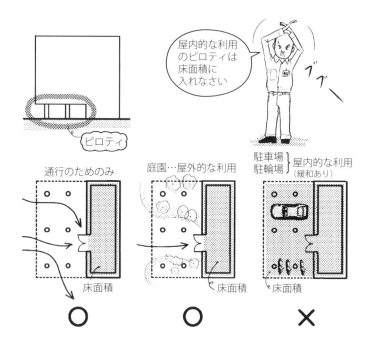

屋内的な利用のピロティは床面積に入れなさい

ピロティ

通行のためのみ

床面積

○

庭園…屋外的な利用

床面積

○

駐車場 ⎱ 屋内的な利用
駐輪場 ⎰ （緩和あり）

床面積

×

- 昭61住指発115「建築物の床面積の算定方法」に、「十分に外気に開放され、かつ、屋内的用途に供しない部分は、床面積に算入しない」とあります。
- 駐車場、駐輪場などの用途に使う場合は屋内的用途（屋内駐車場、駐輪場）とされて、床面積に入れなければなりません。ただし、延べ面積の緩和規定があります（R125参照）。
- ピロティの天井高が1.4m以下で、屋内的利用をしない高床式建築物の場合は、床面積に入れなくとも可です。

Q 屋外階段は床面積に入る？

A 外気に有効に開放されている屋外階段は、床面積に入れなくても可です。

有効に開放されている条件が、通達によって、文とイラストで提示されています。概略は下図のようになります。

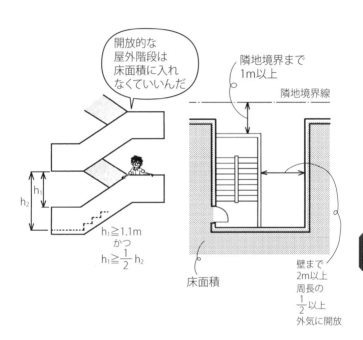

開放的な屋外階段は床面積に入れなくていいんだ

$h_1 \geqq 1.1m$
かつ
$h_1 \geqq \dfrac{1}{2} h_2$

床面積

隣地境界まで
1m以上

隣地境界線

壁まで
2m以上
周長の
$\dfrac{1}{2}$以上
外気に開放

5

面積

- 昭61 住指発 115「建築物の床面積の算定方法」に、「外気に有効に開放されている部分を有する階段については床面積に算入しない」とあります。
- その有効に開放されている部分が「長さが、当該階段の周長の1/2以上であること」「高さが1.1m以上、かつ、当該階段の天井の高さの1/2以上であること」とされています。

Q 壁や柱で支える屋外階段の床面積は？

▼

A 階段のみを支える壁や柱の場合で、外気に有効に開放される条件がクリアされているもののみ、床面積に入れなくても可とされています。

床面積の算定基準には書かれていませんが、壁、柱が建物を支える構造体でない限り、一般には床面積に算入しなくてよいとされています。建築面積は先端から1mまで入れなくてよいとされていますが、床面積ではすべて入れなくて可です。

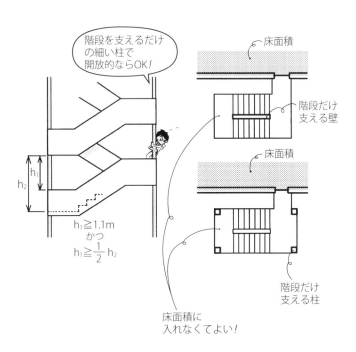

階段を支えるだけの細い柱で開放的ならOK！

$h_1 \geqq 1.1m$
かつ
$h_1 \geqq \dfrac{1}{2} h_2$

床面積

階段だけ支える壁

床面積

階段だけ支える柱

床面積に入れなくてよい！

Q <u>小屋裏収納</u>、<u>ロフト</u>の床面積はどうなる？

A 天井高の最大が<u>1.4m以下</u>、面積がその階の<u>1/2未満</u>の場合は入れなくても可です。

ロフトをつくって物置などのスペースとするのは、容積率を超えて床面積をかせぐのに有効です。

5

面積

● 昭55住指発24、平12住指発682に上記の記載があります。

Q 地下ピットの受水槽室の床面積はどうなる？

A ポンプ、電気の盤などを外に出せば、床面積に入れなくても可です。

ピットとは穴のことで、建築で地下ピットというと、基礎の近くに設備を入れるスペースのことです。受水槽だけの地下ピットで、階段がなく点検口のハッチから入る形の場合、床面積に入れなくてもよいとされています。

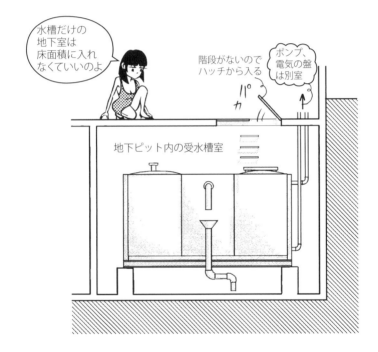

水槽だけの
地下室は
床面積に入れ
なくていいのよ

階段がないので
ハッチから入る

パ
カ

ポンプ、
電気の盤
は別室

地下ピット内の受水槽室

- 受水槽室は、ポンプや電気の盤があれば機械室となるので床面積に入れ、なければ入れなくてもよいとされるのが慣例です（昭61住指発115）。
- 屋根のない屋上に受水槽を置いた場合も、屋外のため床面積に入れなくても可です。
- もっぱら防災・減災のために設ける貯水槽、備蓄倉庫なども、床面積の緩和規定があります（令2・1・四・ロ、ホ）。

Q 機械式駐車場の床面積はどうなる？

A 1台当たり 15m² として計算します。

2.5m×6m＝15m² を基準としています。1層2段の自走式自動車車庫は、建築物として扱われ、1階部分は床面積にカウントされますが、2階部分は屋上とされるのでカウントされません。

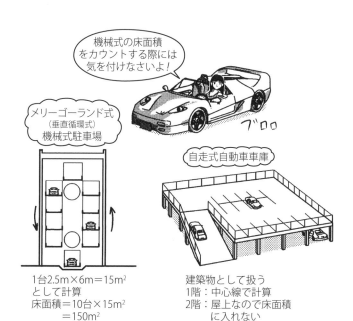

機械式の床面積をカウントする際には気を付けなさいよ！

メリーゴーランド式（垂直循環式）機械式駐車場

ブロロ

自走式自動車車庫

1台2.5m×6m＝15m²
として計算
床面積＝10台×15m²
＝150m²

建築物として扱う
1階：中心線で計算
2階：屋上なので床面積
　　　に入れない

5

面積

- 昭61 住指発115にあります。
- 昇降する3段式などは、築造面積に宙に浮いた部分の台数分を足して計算するのが普通です。

Q 駐車場の延べ面積の緩和規定とは？

A 各階の床面積の合計の<u>1/5</u>を限度として算入しなくても可とされています。

下図の場合、各階の床面積の合計は500m²、その1/5の100m²までは駐車場は床面積に入れなくてもよいことになります。駐車場は100m²ですから、100m²すべて算入しなくて OK です。よって、この建築物の延べ面積はその他の床面積の合計となって、400m²となります。

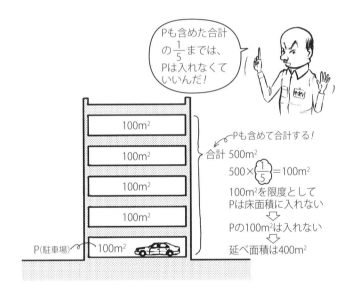

Pも含めた合計の $\frac{1}{5}$ までは、Pは入れなくていいんだ！

100m²

100m²

100m²

100m²

P（駐車場） 100m²

Pも含めて合計する！

合計 500m²

$500 \times \frac{1}{5} = 100m²$

100m²を限度として
Pは床面積に入れない

⇩

Pの100m²は入れない

⇩

延べ面積は400m²

- 令2・1・四のただし書きに、容積率算定時の延べ面積には自動車車庫その他のもっぱら自動車または自転車の停留または駐車のための施設（誘導車路、操車場所および乗降場を含む）の用途に供する部分の床面積を算入しないとあります。
- 令2・3に、令2・1・四のただし書きの規定は自動車車庫等部分は1/5を限度として適用するとあります。

Q 駐車場の面積が各階の床面積の合計の1/5よりも小さい場合、大きい場合の延べ面積は?

▼

A 駐車場の面積が、各階の床面積の合計の1/5より小さい場合は駐車場の面積だけを引き、大きい場合は合計の1/5の面積を駐車場の面積から引きます。

下図の場合、各階の床面積の合計はいずれも500m²、その1/5の100m²を上限として駐車場の面積は算入しなくてもよいことになります。下図左のように駐車場が50m²の場合は、各階の床面積の合計から50m²を引きます。

下図右のように駐車場が200m²の場合は、1/5に相当する100m²を引き、あとの100m²は延べ面積に算入します。

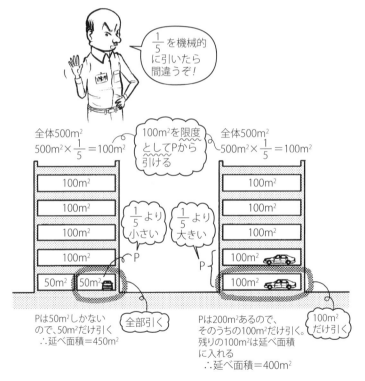

$\dfrac{1}{5}$を機械的に引いたら間違うぞ!

全体500m²
$500m² × \dfrac{1}{5} = 100m²$

100m²を限度としてPから引ける

全体500m²
$500m² × \dfrac{1}{5} = 100m²$

100m²
100m²
100m²
100m²
50m²　50m²

$\dfrac{1}{5}$より小さい　P

$\dfrac{1}{5}$より大きい　P

100m²
100m²
100m²
100m²
100m²

Pは50m²しかないので、50m²だけ引く
∴延べ面積=450m²

全部引く

Pは200m²あるので、そのうちの100m²だけ引く。残りの100m²は延べ面積に入れる
∴延べ面積=400m²

100m²だけ引く

● 機械的に全体の1/5の100m²を引いてしまう間違いを、学生はよくやります。
　1/5が引ける限度、1/5が引ける最大であることを、よく覚えておきましょう。

5

面積

Q 地階の住宅における延べ面積の緩和規定とは？

A 各階の床面積の合計の1/3を限度として算入しなくても可とされています。

下図の場合、各階の床面積の合計は300m²、その1/3の100m²までは地階の住宅は延べ面積に算入しなくてもよいことになります。地階の住宅は100m²ですから、100m²すべて入れなくてOKです。よって、延べ面積はその他の床面積の合計となって、200m²となります。

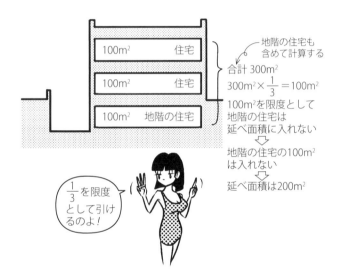

```
                                    地階の住宅も
┌──────────────┐                    含めて計算する
│ 100m²      住宅 │ ┐
├──────────────┤ │ 合計 300m²
│ 100m²      住宅 │ │ 300m²×1/3 = 100m²
├──────────────┤ │ 100m²を限度として
│ 100m²  地階の住宅 │ ┘ 地階の住宅は
└──────────────┘    延べ面積に入れない
                      ⇩
                    地階の住宅の100m²
                    は入れない
                      ⇩
                    延べ面積は200m²
```

1/3 を限度として引けるのよ！

- 老人ホーム、福祉ホームも、住宅と同様の1/3を限度とする延べ面積の緩和が受けられます。
- 法52・3に容積率算定時の延べ面積には「建築物の地階でその天井が地盤面からの高さ1m以下にあるものの住宅又は老人ホーム、福祉ホームその他これらに類するものの用途に供する部分の床面積は、算入しないものとする」とあります。
- 住宅の居室では、採光や換気が必要なため、土をカットしたドライエリア（空堀）をつくって窓を開けることがよく行われます。
- 共同住宅の管理人室、建築設備室、トランクルームなども「地階の住宅の用に供される部分」とされることがあります。

Q 地階の住宅の面積が各階の床面積の合計の1/3よりも小さい場合、大きい場合の延べ面積は?

A 地階の住宅の面積が、各階の床面積の合計の1/3より小さい場合は地階の住宅の面積だけを引き、大きい場合は合計の1/3の面積を地階の住宅の面積から引きます。

下図の場合、各階の床面積の合計はいずれも300m²、その1/3の100m²を上限として地階の住宅の面積は算入しなくてもよいことになります。左のように、地階の住宅が50m²の場合は、50m²を引きます。右のように地階の住宅が150m²の場合は、合計の1/3に相当する100m²を150m²から引き、残りの50m²は延べ面積に算入します。

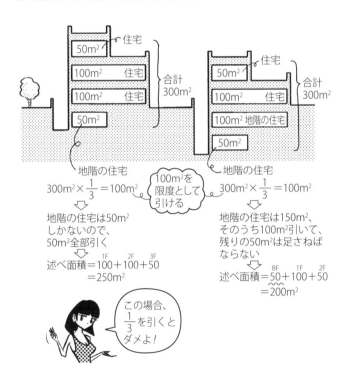

地階の住宅
$$300m² \times \frac{1}{3} = 100m²$$

100m²を限度として引ける

地階の住宅は50m²しかないので、50m²全部引く

述べ面積＝100＋100＋50
　　　　　1F　　2F　　3F
　　　　＝250m²

地階の住宅
$$300m² \times \frac{1}{3} = 100m²$$

地階の住宅は150m²、そのうち100m²引いて、残りの50m²は足さねばならない

述べ面積＝50＋100＋50
　　　　　BF　　1F　　2F
　　　　＝200m²

この場合、$\frac{1}{3}$を引くとダメよ!

● 上図左の場合で、100m²を引く間違いを多く見かけます。地階の住宅の1/3は、駐車場の1/5と考え方は同じです。「合計の1/3を限度として」「合計の1/5を限度として」引くことができると、覚えておきましょう。

Q 延べ面積に入れなくてもよい地階の住宅の場合の<u>地階の定義</u>は、一般の地階の定義と同じ？

A 違います。

一般の地階の定義とは、床が地盤面より下で、床面から地盤面までの高さが天井高の1/3以上のものです。一方、延べ面積に入れなくてよい地階の住宅の場合は、一般の地階に、さらに天井が地盤面から1m以下にあるという条件が加わります。

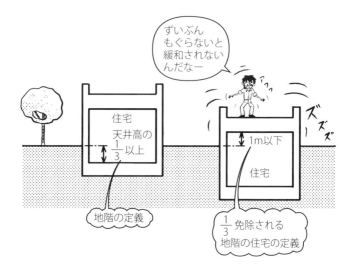

ずいぶんもぐらないと緩和されないんだなー

住宅
天井高の $\frac{1}{3}$ 以上

1m以下
住宅

ズズズ

地階の定義

$\frac{1}{3}$ 免除される
地階の住宅の定義

● 令1・二に、地階の定義は「床が地盤面下にある階で、床面から地盤面までの高さがその階の天井の高さの1/3以上のものをいう」とあります。
● 法52・3に「建築物の地階でその天井が地盤面からの高さ1m以下にあるものの住宅の用途に供する部分」とあります。

Q 共同住宅、老人ホーム、福祉ホームで延べ面積に入れなくてもよい部分は？

▼

A 共用の廊下、共用の階段、エレベーターシャフトです。

アパート、マンションの共用廊下、共用階段、エレベーターシャフト（昇降機の昇降路）は延べ面積に算入しなくても可です。

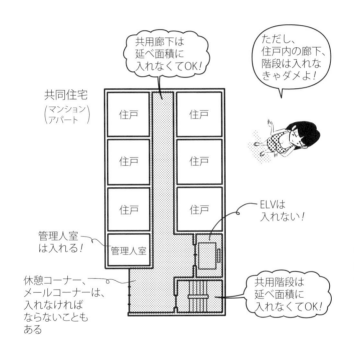

共用廊下は
延べ面積に
入れなくてOK!

ただし、
住戸内の廊下、
階段は入れな
きゃダメよ!

共同住宅
（マンション
アパート）

住戸　住戸

住戸　住戸

住戸　住戸

ELVは
入れない!

管理人室
は入れる!

管理人室

休憩コーナー、
メールコーナーは、
入れなければ
ならないことも
ある

共用階段は
延べ面積に
入れなくてOK!

5
面積

● 法52・6に「容積率の算定の基礎となる延べ面積には、政令で定める昇降機の昇降路の部分又は共同住宅若しくは老人ホーム等の共用の廊下若しくは階段の用に供する部分の床面積は、算入しないものとする」とあります。
● 共用廊下、共用階段不算入の改正は平成9年、エレベーターシャフト不算入の改正は平成26年です。それ以前のマンションは、共用廊下、共用階段、エレベーターシャフトを延べ面積に入れており、建て替える際には容積を増やすことができます。
● 共用廊下にある休憩コーナー、メールコーナーは、形によって、延べ面積に入れなければならないことがあります。また宅配ボックスの設置部分は、条件付きで延べ面積には入れなくてOKです（国住街127号）。

Q 延べ面積の緩和規定には、どのようなものがある？

A ①駐車場は、1/5を限度として算入しない。

②地階の住宅、老人ホーム、福祉ホームは、1/3を限度として算入しない。

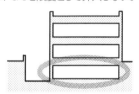

③エレベーターシャフトは算入しない。

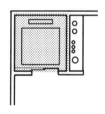

④共同住宅、老人ホーム、福祉ホームの共用廊下、階段は、算入しない。

覚えるのよ！

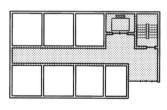

Q 前面道路の幅員から決まる容積率（道路容積率）の計算は？

▼

A 幅員のメートル数に、住居系の用途地域なら 4/10 を掛け、その他は 6/10 を掛けます。

幅員が 12m 未満なら、この道路容積率も考えなければなりません。住居系で幅員が 5m ならば、5×4/10=20/10（200%）となり、商業系、工業系で幅員が 5m ならば、5×6/10=30/10（300%）となります。

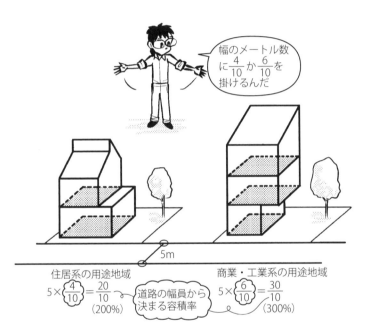

幅のメートル数に $\frac{4}{10}$ か $\frac{6}{10}$ を掛けるんだ

5m

住居系の用途地域　　　　　　　商業・工業系の用途地域

$5 \times \frac{4}{10} = \frac{20}{10}$（200%）　道路の幅員から決まる容積率　$5 \times \frac{6}{10} = \frac{30}{10}$（300%）

● 法52・2に「前面道路の幅員が 12m 未満である建築物の容積率は、当該前面道路の幅員のメートルの数値に、次の各号に掲げる区分に従い、当該各号に定める数値を乗じたもの以下でなければならない」とあり、続く各号で 4/10 と 6/10 の区分が指定されています。

Q 道路幅員から決まる容積率（道路容積率）と都市計画で指定された容積率（指定容積率）、どちらを守る？

A 両方守らなければなりません。実際の計算では、厳しい方、小さい方に従います。

法文上は、道路容積率と指定容積率の両方をクリアしなければなりません。厳しい方、小さい方をクリアすれば、もう片方の大きい方はクリアすることになるので、小さい方だけを考えれば OK です。床面積の最大値を計算する場合も、小さい方で計算すれば OK です。

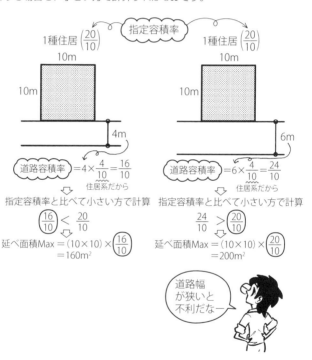

- 法 52・2 には「前項に定めるもののほか（中略）当該各号に定める数値を乗じたもの以下でなければならない」とあります。前項は指定容積率、数値を乗じたものとは道路容積率です。それぞれ以下でなければならない、両方ともクリアしなければならないと書かれています。
- 道路幅員から決まる容積率はありますが、道路幅員から決まる建ぺい率はありません。学生がよく間違える所なので、ここで覚えてしまいましょう。
- 道路容積率は通称で、法律用語ではありません。

Q 敷地が複数の道路に面している場合、道路容積率は？

A 幅員の最大のメートル数値に$\underline{4/10}$、$\underline{6/10}$を掛けたものです。

前面道路の幅員が$5m$と$9m$の場合は、大きい方の$9m$に$4/10$または$6/10$を掛けて計算します。

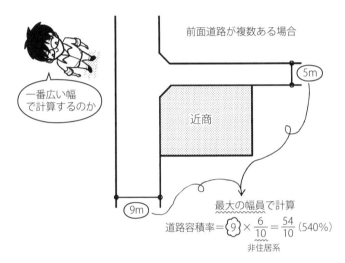

前面道路が複数ある場合

5m

近商

一番広い幅で計算するのか

最大の幅員で計算

$$道路容積率 = 9 \times \frac{6}{10} = \frac{54}{10} \ (540\%)$$

非住居系

9m

5

面積

• 法52・2に「前面道路が2以上あるときは、その幅員の最大のもの」とあります。

Q 幅員15m以上の道路（特定道路）から分岐する枝道に、道路容積率の緩和規定があるのはなぜ？

A 容積を一気に下げずに、徐々に下げようとする趣旨からです。

大通りは道路容積率が大きく、枝道は細いので、緩和規定がないと、建築物のボリュームに極端な落差ができてしまいます。指定容積率は通りから30m程度までは大きい場合が多いですが、枝道の道路容積率の制限の方がきつくなると、急激に容積率が下がってしまいます。急激なボリュームダウンを防ぐために、枝道の道路幅員を実際よりも広くみなすための式が用意されました。

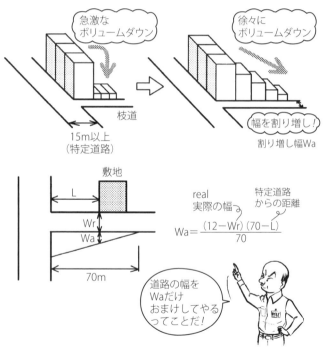

$$Wa = \frac{(12 - Wr)(70 - L)}{70}$$

- この枝道の式は、令135の18にあります。緩和を受けられる枝道は、幅員が6m以上12m未満、特定道路から70mまでです。
- Waは、実際の幅員Wrに足す数値です。Wa＋Wrに住居系の用途地域では4/10、その他の地域では6/10を掛けて、道路容積率を出します。Waは特定道路との分岐点から70mまでは、徐々に小さくなり、70mでゼロとなるように式がつくられています。Wrのrはrealの頭文字、Waのaはadd（追加）の頭文字です。

Q 下図のように、特定道路から分岐する幅員 **7m** の枝道に面した、分岐点から **63m** の商業地域の敷地における道路容積率は？

▼

A 前項の図中の式に **Wr＝7、L＝63** を代入すると、 **Wa** は **0.5m** となります。 **Wr＋Wa＝7.5m** に **6/10** を掛けて **45/10（450％）** が道路容積率となります。

🔲 求められた道路容積率と指定容積率を比べて、厳しい方、小さい方で延べ面積の最大を計算します。

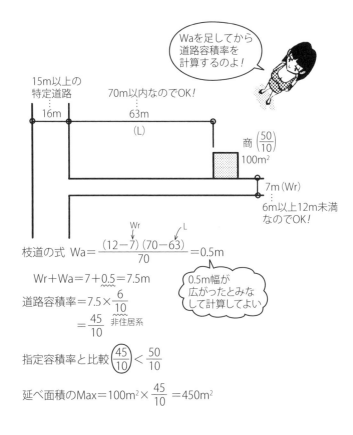

Waを足してから
道路容積率を
計算するのよ！

15m以上の
特定道路　　　70m以内なのでOK！

16m　　　　63m
　　　　　（L）

商 $\left(\dfrac{50}{10}\right)$
100m²

7m（Wr）

6m以上12m未満
なのでOK！

枝道の式　$Wa = \dfrac{(12-7)(70-63)}{70} = 0.5m$

$Wr + Wa = 7 + 0.5 = 7.5m$

0.5m幅が
広がったとみな
して計算してよい

道路容積率 $= 7.5 \times \dfrac{6}{10}$

$= \dfrac{45}{10}$ 非住居系

指定容積率と比較 $\left(\dfrac{45}{10}\right) < \dfrac{50}{10}$

延べ面積のMax $= 100m^2 \times \dfrac{45}{10} = 450m^2$

5

面積

● Waを求める枝道の式は、建築士受験者は暗記する必要はありません。法令集は持ち込み可なので、令 **135** の **18** にインデックスを付けておくだけで **OK** です。

Q ひとつの敷地が、違う指定容積率（指定建ぺい率）の用途地域をまたぐ場合、延べ面積（建築面積）の最大はどうやって計算する？

▼

A 別々に計算して合計します。

図のように敷地が100m²、10/10と、200m²、30/10の場合、延べ面積の最大は100m²×10/10＋200m²×30/10＝100m²＋600m²＝700m²となります。

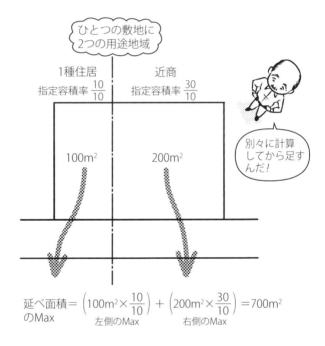

ひとつの敷地に
2つの用途地域

1種住居
指定容積率 $\frac{10}{10}$

近商
指定容積率 $\frac{30}{10}$

100m²

200m²

別々に計算
してから足す
んだ！

延べ面積
のMax $= \left(100m^2 \times \frac{10}{10}\right) + \left(200m^2 \times \frac{30}{10}\right) = 700m^2$

左側のMax　　　　　　右側のMax

● 全体の容積率は700m²/（100m²＋200m²）＝700/300=233.33%となります。各面積によって容積率を按分、加重平均したことになります。
● 用途制限は法91により、広い方の用途地域に従います。上図の場合は、近商に従います。面積の場合は別々に計算して足す、用途の場合は広い方に従うとここで覚えておきましょう。

Q ひとつの敷地が、違う指定容積率（指定建ぺい率）の用途地域をまたぐ場合、道路容積率も含めて考えると、延べ面積の最大はどうやって計算する？

▼

A 道路容積率を先に求めて、それぞれの指定容積率と比べて厳しい方、小さい方を使って、別々に計算して合計します。

🧊 4mの幅員の道路に面しているとすると、住居系では道路容積率は$4×4/10$＝$16/10$、商業系では$4×6/10$＝$24/10$となります。それぞれの指定容積率$10/10$、$30/10$と比較して、厳しい方、小さい方の$10/10$、$24/10$をとります。よって延べ面積の最大は$100m^2×10/10＋200m^2×24/10$＝$580m^2$となります。

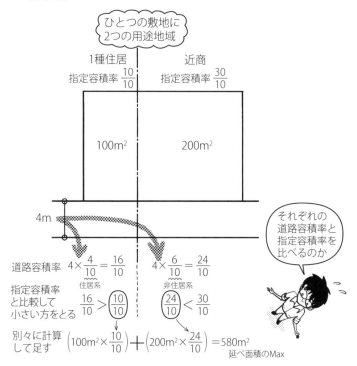

ひとつの敷地に
2つの用途地域

1種住居	近商
指定容積率 $\frac{10}{10}$	指定容積率 $\frac{30}{10}$
$100m^2$	$200m^2$

4m

それぞれの
道路容積率と
指定容積率を
比べるのか

道路容積率　$4×\dfrac{4}{10}=\dfrac{16}{10}$　　$4×\dfrac{6}{10}=\dfrac{24}{10}$
　　　　　　　　住居系　　　　　　非住居系

指定容積率
と比較して　$\dfrac{16}{10}>\boxed{\dfrac{10}{10}}$　　$\boxed{\dfrac{24}{10}}<\dfrac{30}{10}$
小さい方をとる

別々に計算
して足す　$\left(100m^2×\dfrac{10}{10}\right)+\left(200m^2×\dfrac{24}{10}\right)=580m^2$
　　　　　　　　　　　　　　　　　　　　　　　延べ面積のMax

- 指定容積率と道路容積率の組み合わせパターンは、全部で4種類あります。そのうち、一番小さい延べ面積となるものを採用しなければなりませんが、全部計算しなくても最初から小さい方の容積率で計算すればいいのです。
- 条文上は、指定容積率、道路容積率の両方をクリアしなければなりません。

5

面積

Q 延べ面積の最大値を計算する手順は？

▼

A ①42条2項道路

中心から2m（崖、川だと反対側から4m）までは、敷地面積に算入しない。

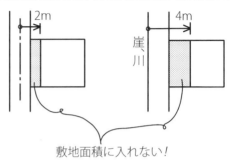

敷地面積に入れない！

②道路容積率を計算する

(イ) 道路幅員×4/10 or 6/10（建ぺい率にはこの規定はないので注意）

(ロ) 道路が2以上のときは、最大の幅員で計算

(ハ) 枝道の式（大きな道路から70m以内では、幅員は緩和される）

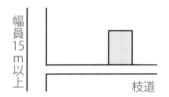

$$\left.\begin{array}{l}③\text{道路容積率}\\\text{指定容積率}\end{array}\right\}$$ を比較し、小さい方（厳しい方）で計算すればOK。

（大きい方で計算しても、小さい方は必ずクリアされるので）

④2つの地域にまたがる場合は、別々に計算して足す。

Am²	Bm²
$\dfrac{a}{10}$	$\dfrac{b}{10}$

$A \times \dfrac{a}{10} + B \times \dfrac{b}{10}$

覚えるのよ！

★/ R140 /　地盤面　その1

Q 高低差が3m以下の傾斜地の場合、高さを測る地盤面はどうやって決める?

A 平均の高さを地盤面とします。

下図のように、建物表面の仮のGL（Ground Level：地盤面）と地面の線が囲む面積を考えます。囲んだ面積を合計して、仮GLの周囲の長さで割ると、囲んだ面積を平均した高さが出ます。でこぼこした三角形、台形の集合を、ひとつの長方形にした場合の高さです。それが平均GLで地盤面となります。

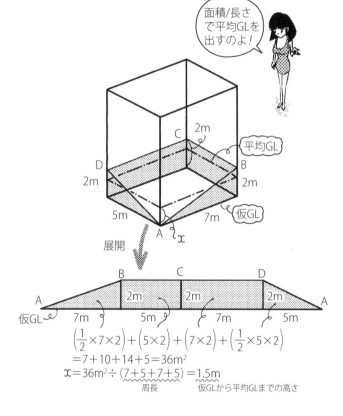

面積/長さで平均GLを出すのよ！

$$\left(\frac{1}{2}\times7\times2\right)+\left(5\times2\right)+\left(7\times2\right)+\left(\frac{1}{2}\times5\times2\right)$$
$$=7+10+14+5=36\text{m}^2$$
$$x=36\text{m}^2\div\underbrace{(7+5+7+5)}_{\text{周長}}=\underbrace{1.5\text{m}}_{\text{仮GLから平均GLまでの高さ}}$$

● 令2·2に、地盤面とは「建築物が周囲の地面と接する位置の平均の高さにおける水平面をいい、その接する位置の高低差が3mを超える場合においては、その高低差3m以内ごとの平均の高さにおける水平面をいう」とあります。

6

高さ

147

Q 傾斜地に建てる場合、高低差が<u>3mを超える</u>とき、高さを測る地盤面はどうやって決める？

▼

A 高低差3m以内ごとの平均の高さを地盤面とします。

下図のように、下から3mまでの平均の高さ、3mから6mまでの平均の高さ、6mから7mまでの平均の高さを出します。その3つの高さが地盤面となります。

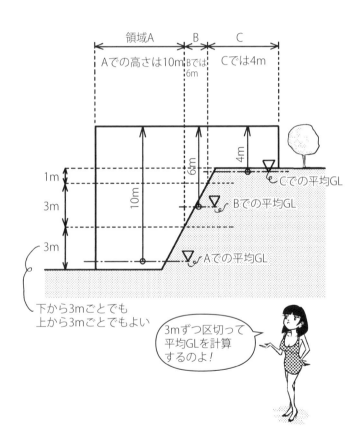

領域A　B　C

Aでの高さは10m　Bでは6m　Cでは4m

1m
3m
3m

10m
6m
4m

Cでの平均GL
Bでの平均GL
Aでの平均GL

下から3mごとでも
上から3mごとでもよい

3mずつ区切って
平均GLを計算
するのよ！

Q 階段室、昇降機塔を高さに入れなくてよい場合とは？

A 水平投影面積が建築面積の1/8以下の場合は、それ自体の高さが12mまでで不算入でOKです。

建築物の各部の高さは、地盤面から測ります。最高高さは建築物の最上部までを測りますが、ペントハウス（屋上に出た部分）の場合は、下図のように例外的に入れなくてもよいケースがあります。

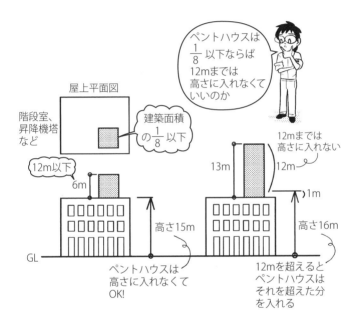

ペントハウスは$\frac{1}{8}$以下ならば12mまでは高さに入れなくていいのか

屋上平面図

階段室、昇降機塔など

建築面積の$\frac{1}{8}$以下

12m以下

6m

高さ15m

GL

ペントハウスは高さに入れなくてOK!

12mまでは高さに入れない

13m　12m

1m

高さ16m

12mを超えるとペントハウスはそれを超えた分を入れる

6

高さ

- 令2・1・六・ロに「階段室、昇降機塔、装飾塔、物見塔、屋窓その他これらに類する建築物の屋上部分の水平投影面積の合計が当該建築物の建築面積の1/8以内の場合においては、その部分の高さは、12m（中略）までは、当該建築物の高さに算入しない」とあります。
- 田園、1種低層、2種低層で、10mまたは12mの絶対高さ制限の場合、および日影の高さ制限の場合は、不算入となるペントハウスの高さは12m以下ではなく、5m以下となります。

Q 階段室、昇降機塔といえども必ず高さに入れる場合とは?

A 避雷針が必要かどうか検討する場合の建築物の高さ、北側斜線での建築物の高さです。

　雷は、建築面積の1/8だからといって落ちないわけはなく、高い所には容赦なく落ちます。また北側斜線は、北側隣地の環境をよくするための規制なので、もっとも厳しく制限されています。

[スーパー記憶術]
来た、雷が!　　ペントハウスに入れ!
北斜　避雷針　　ペントハウス入れる

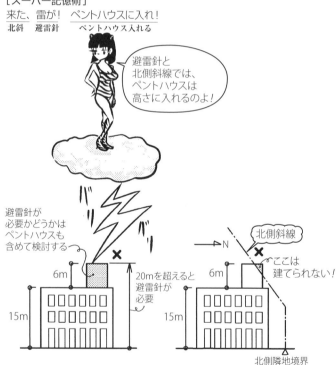

- 令2・1・六・ロに「法第33条及び法第56条第1項第三号に規定する高さ並びに法第57条の4第1項、法第58条及び法第60条の3第2項に規定する高さを算定する場合を除き」とあります。法33とは避雷設備、法56・1・三とは北側斜線、法57の4・1とは特例容積率適用地区の高さ、法58とは高度地区の高さ（北側斜線）、法60の3・2とは特定用途誘導地区内の高さです。
- 法33に「高さ20mをこえる建築物には、有効に避雷設備を設けなければならない」とあります。

Q 棟飾り、防火壁の突出部、避雷針、煙突は高さに入る？

A 高さに入れなくても可です。

鬼瓦などの棟飾り（むねかざり）、火災の拡大を防ぐ防火壁の突出部分、避雷針、煙突は、基本的には高さに入れなくても可です。

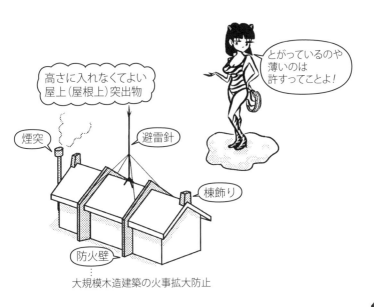

とがっているのや
薄いのは
許すってことよ！

高さに入れなくてよい
屋上（屋根上）突出物

煙突

避雷針

棟飾り

防火壁

大規模木造建築の火事拡大防止

6

高さ

• 令2・1・六・ハに「棟飾、防火壁の屋上突出部その他これらに類する屋上突出物は、当該建築物の高さに算入しない」とあります。

Q <u>軒の高さとは?</u>

▼

A 地盤面から敷桁（しきげた）までの高さです。

💎 <u>敷桁（軒桁）</u>とは柱上部を連結して小屋梁を受ける横架材のことです。桁の上端までの高さが軒高です。RC造では梁はスラブと一体化していますので、屋根スラブ上端までの高さが軒高となります。

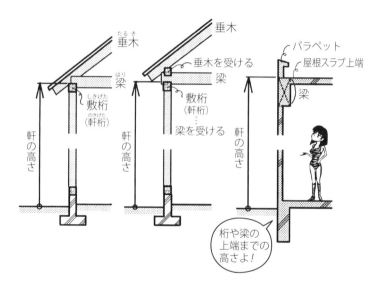

桁や梁の
上端までの
高さよ!

• 令2・1・七に、軒の高さとは「地盤面から建築物の小屋組又はこれに代わる横架材を支持する壁、敷桁又は柱の上端までの高さによる」とあります。

Q 地下1階、地上2階の建築物の階数は?

▼

A 階数は3です。

地上2階だけ指して階数を2とする間違いが多いです。階数とはあくまでも階の数です。吹き抜けがある場合は、階数が最大となる部分を数えます。

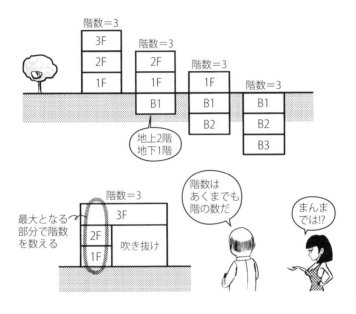

```
            階数=3
              3F
                    階数=3
              2F      2F
                            階数=3
              1F      1F      1F      階数=3
─────────────────────────────────────────
                      B1      B1      B1
                              B2      B2
                                      B3
```

地上2階
地下1階

```
            階数=3
              3F
最大となる─→ 2F    吹き抜け
部分で階数
を数える     1F
```

階数は
あくまでも
階の数だ

まんま
では!?

6

高さ

• 令2・1・ハに、「建築物の一部が吹抜きとなっている場合、建築物の敷地が斜面又は段地である場合その他建築物の部分によって階数を異にする場合においては、これらの階数のうち最大なものによる」とあります。

Q 階数に入れなくてもよい例外的なペントハウスや地階は？

A 建築面積の1/8以下の階段室、昇降機塔、地階の倉庫、機械室です。

これらの機能以外の居室などがあると、階数に入れなければなりません。

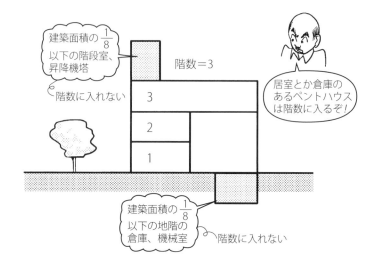

- 令2・1・八には「昇降機塔、装飾塔、物見塔その他これらに類する建築物の屋上部分又は地階の倉庫、機械室その他これらに類する建築物の部分で、水平投影面積の合計がそれぞれ当該建築物の建築面積の1/8以下のものは、当該建築物の階数に算入しない」と書かれています。階段室は書かれていませんが、昇降機塔に類するものとして準用されています。

Q 建築面積の 1/8 以下の屋上にある階段室、昇降機塔と地階の倉庫、機械室で免除されるのは？

▼

A 階段室、昇降機塔では高さと階数、地階の倉庫、機械室では階数です。

延べ面積には、いずれも算入しなければなりません。免除されるのは高さと階数です。間違いが多いので、ここでしっかりと頭に入れておきましょう。

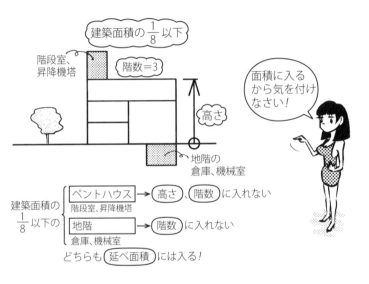

建築面積の $\dfrac{1}{8}$ 以下の { ペントハウス（階段室、昇降機塔）→ 高さ、階数に入れない ／ 地階（倉庫、機械室）→ 階数に入れない }
どちらも 延べ面積 には入る！

• 天井から地盤面までが 1m 以下の地階の住宅の場合は、延べ面積の緩和規定があります（法52・3）。

Q 高さ制限には何がある?

A 下図のように、絶対高さ、道路斜線、隣地斜線、北側斜線、日影(にちえい)規制の5種です。

絶対高さとは、建ててもよい高さを10mとか12mなどの数値で規制すること。道路斜線、隣地斜線、北側斜線とは、道路の端から、隣地境界の一定の高さから、北側隣地の一定の高さから、それぞれ斜めの線を立ち上げて、それより上に建ててはいけないという高さ制限。日影規制とは、一定の範囲に一定時間以上の日影が生じないようにする規制です。

[スーパー記憶術]
ド	リン	ク	傾ける
道路	隣地	北側	斜線

①絶対高さ

建てられない

H

斜線3つは、この順に覚えなさい!

法令集の順

②道路斜線

建てられない

道路

③隣地斜線

建てられない

隣地境界

④北側斜線

建てられない N

北側隣地境界

⑤日影規制 にちえい(ひかげ)

一定時間以上、日影ができないようにする

間接的に高さを制限するのよ!

Q 10m、12mの高さ制限がある用途地域は?

A 田園住居地域、第1種低層住居専用地域、第2種低層住居専用地域です。

絶対的な高さ10m、12mで頭を押さえる高さ制限が適用されるのは、田園、1種低層、2種低層のみです。文字どおり低層の住居が集まる地域だからです。この場合、不算入のペントハウスの高さは12mまでではなく、**5m**までとなります。

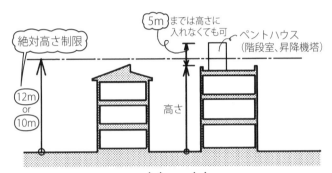

田園、1種低層、2種低層のみ

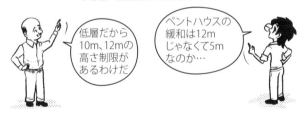

低層だから10m、12mの高さ制限があるわけだ

ペントハウスの緩和は12mじゃなくて5mなのか…

6

高さ

• 法55・1に「第一種低層住居専用地域又は第二種低層住居専用地域、田園住居地域内においては、建築物の高さは、10m又は12mのうち当該地域に関する都市計画において定められた建築物の高さの限度を超えてはならない」とあります。

Q 道路斜線制限で、高さはどこから測る？

A 道路の中心の高さから測ります。

地盤面からではなく、道路中心の高さから測ります。道路斜線は道路の日当たり、通風などの環境をよくするために設けられたものなので、建物ではなく道路の側から考えようという趣旨です。

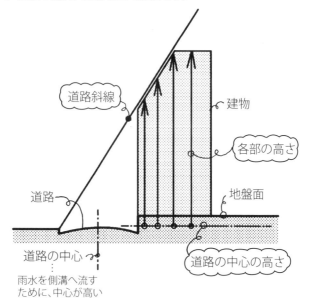

道路斜線

建物

各部の高さ

道路

地盤面

道路の中心

雨水を側溝へ流す
ために、中心が高い

道路の中心の高さ

GLからじゃなくて
道路の中心の高さ
から測るのよ！

● 令2・1・六・イには「法第56条第1項第一号 の（中略）規定による高さの算定については、前面道路の路面の中心からの高さによる」とあり、法56・1・一とは道路斜線のことです。

Q 道路斜線の形は？

A 下図のように、反対側の道路境界を起点に、一定距離だけ斜めに立ち上がる線で、その先は垂直になります。斜線の上は建築不可となります。

道路斜線の形は、法別表3を見ればわかります。用途地域と容積率によって、適用距離と勾配が決まります。勾配は住居系の用途地域が **1.25**、商業系、工業系が **1.5** です。

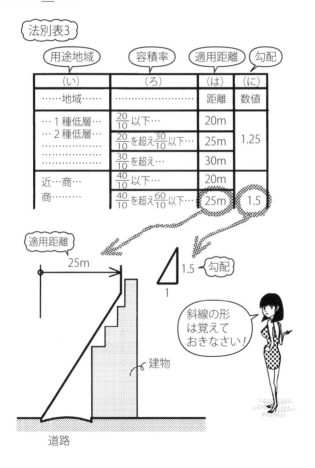

(法別表3)

用途地域	容積率	適用距離	勾配
(い)	(ろ)	(は)	(に)
……地域……	…………………………	距離	数値
… 1 種低層…	$\frac{20}{10}$ 以下…	20m	
… 2 種低層…	$\frac{20}{10}$ を超え$\frac{30}{10}$以下…	25m	1.25
…………	$\frac{30}{10}$ を超え…	30m	
近…商…	$\frac{40}{10}$ 以下…	20m	
商………	$\frac{40}{10}$ を超え$\frac{60}{10}$以下…	25m	1.5

(適用距離)

25m

1.5 (勾配)

1

斜線の形は覚えておきなさい！

建物

道路

● 道路斜線、隣地斜線、北側斜線は通称で、法文には書かれていません。

Q 雨樋、パイプやガラスの手すりは<u>道路斜線</u>に引っ掛かっても可？

A 雨樋は不可、格子状やガラスの手すりは可です。

 開放的な手すりは**OK**ですが、雨樋は不可とされています。

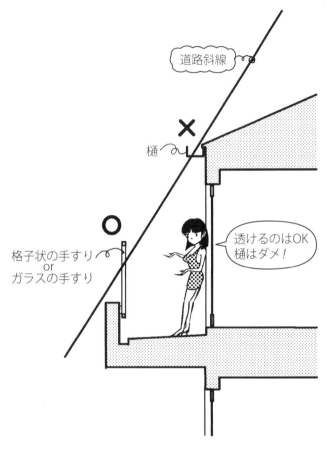

道路斜線

×

樋

○

格子状の手すり
or
ガラスの手すり

透けるのはOK
樋はダメ！

- 階段室、昇降機塔は前述したように、北側斜線以外の高さ規制では考えなくても可です（R142、148参照）。一定高さまでは絶対高さ、道路斜線、隣地斜線には引っ掛かってもOKです。
- 格子状やガラスの手すりは、行政庁によっては道路斜線に引っ掛かるのは不可とされることがあるので、確認が必要です。

Q 建物を道路境界から2m後退させると、道路斜線はどうなる？

▼

A 反対側道路境界から2m後退させることができます。

建物をXmセットバック（後退）させると、道路斜線の起点（道路の幅は広がらない）もXmセットバックしたとみなします。セットバック緩和です。これによりセットバックが進めば、道路の周囲の空間が広がり、環境に寄与するとの趣旨があります。

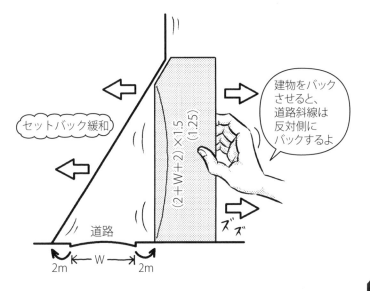

● 法文はわかりにくいので、斜線の形をそのまま覚えてしまうといいでしょう。法 56・2に「前面道路の境界線から後退した建築物に対する前項第一号の規定の適用については、同号中『前面道路の反対側の境界線』とあるのは、『前面道路の反対側の境界線から当該建築物の後退距離（中略）に相当する距離だけ外側の線』とする」とあります。

6

高さ

Q 凹凸のある建物ではセットバック距離（後退距離）はどこで測る？

▼

A 道路境界に一番近い部分で測ります。

🔷 道路からどれくらい後退しているかは、セットバック距離のうちの最小長さを使います。

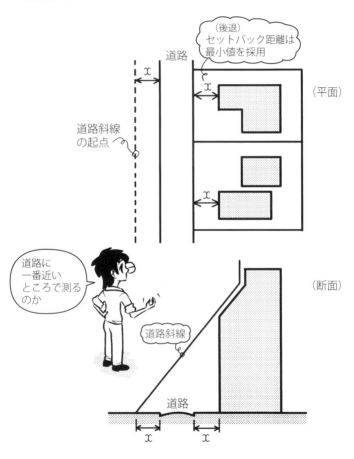

• 法56・2のかっこ書きの「当該建築物から前面道路の境界線までの水平距離のうち最小のものをいう」に相当します。

Q 物置、ポーチ、塀があるとき、後退距離はどこで測る?

A 一定の条件のもとで、物置、ポーチ、塀は無視して後退距離を測ります。

物置、ポーチは下図のような条件で、ないものとして後退距離を測れます。

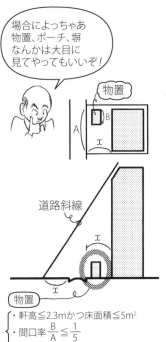

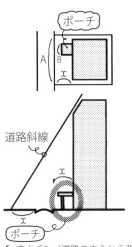

場合によっちゃあ
物置、ポーチ、塀
なんかは大目に
見てやってもいいぞ!

物置

ポーチ

道路斜線

道路斜線

物置
・軒高≦2.3mかつ床面積≦5m²
・間口率 $\dfrac{B}{A} \leqq \dfrac{1}{5}$
・道路から1m以上後退
　ならば、ないものとして
　後退距離を測れる

ポーチ
・高さ≦5m(道路の中心から測る)
・間口率 $\dfrac{B}{A} \leqq \dfrac{1}{5}$
・道路から1m以上後退
　ならば、ないものとして
　後退距離を測れる

6

高さ

● 細かい規定は、令130の12に書かれています。塀の場合は2m以下で、高さ
1.2mを超える部分が網状という条件となります。そのほかに、建物部分で高さ
1.2m以下の部分は無視できるなどの規定があります。

Q 住居系の用途地域では道路斜線の勾配は1:1.25ですが、1:1.5となるのは?

▼

A 田園、低層以外の住居系用途地域で、前面道路幅員が**12m以上**の場合、一定の範囲で勾配を急にできます。

◆ 1種中高層、2種中高層、1種住居、2種住居、準住居で前面道路の幅が**12m以上**の場合に適用できます。角度の緩和は、道路の反対側境界から道路幅×1.25以上の範囲です。

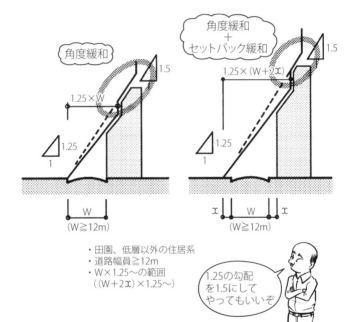

角度緩和

1.25×W

1.25

1

W
(W≧12m)

角度緩和
＋
セットバック緩和

1.5

1.25×(W+2x)

1.25

1

x | W | x
(W≧12m)

・田園、低層以外の住居系
・道路幅員≧12m
・W×1.25〜の範囲
　((W+2x)×1.25〜)

1.25の勾配
を1.5にして
やってもいいぞ

● 角度緩和とセットバック緩和を併せて使う場合、角度緩和だけを使う場合よりも規制が厳しくなるケースがあります。その場合は、角度緩和だけ使うことも可能です。

Q 道路の反対側に公園、広場、水面がある場合の道路斜線は？

A 公園、広場、水面の反対側の境界を起点にします。

 公園などがある場合は、道路の日当たり、通風などの環境は良いはずです。道路斜線は公園の反対側まで後退させてもよいとされています。建物が道路から後退した場合は、さらにセットバック緩和が使えます。

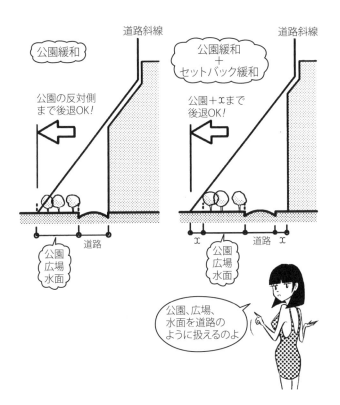

● 令134・1に「前面道路の反対側に公園、広場、水面その他これらに類するものがある場合においては、当該前面道路の反対側の境界線は、当該公園、広場、水面その他これらに類するものの反対側の境界線にあるものとみなす」とあります。隣地斜線、北側斜線では反対側の境界ではなく、公園などの幅の1/2だけ外側になるので注意が必要です。

Q 道路が敷地よりも1m以上低い場合の道路斜線は？

A 道路の方がHmだけ低いとすると、$(H-1)/2$だけ道路が高いとしてよくなります。

道路が敷地より低いと、道路斜線は厳しくなってしまいます。そこで、1m以上低い場合は道路中心が$(H-1)/2$だけ高い位置にあるとして計算してよいという高低差緩和が用意されています。高低差緩和とセットバック緩和を併せて使うこともできます。

• 令135の2・1に「建築物の敷地の地盤面が前面道路より1m以上高い場合においては、その前面道路は、敷地の地盤面と前面道路との高低差から1mを減じたものの1/2だけ高い位置にあるものとみなす」と書かれています。道路が敷地よりも高い場合は、規制はゆるくなるので、緩和する必要はありません。

Q 2つの前面道路がある角地では、狭い方の道路の道路斜線はどうなる？

A 一定の範囲で、狭い道路を広い道路とみなして道路斜線を適用します。

道路斜線でもっとも難解な緩和規定です。下図の場合、aが広い道路、b が狭い道路の幅員です。角から2×aかつ35m以内の範囲は、道路幅員は aとみなして道路斜線を立ち上げます。それを超える範囲では、bの中心 から10mまではb幅の道路からの道路斜線、中心から10mを超えるとa幅 の道路斜線とすることができます。この規定にもセットバック緩和を併せて 使うことができます。

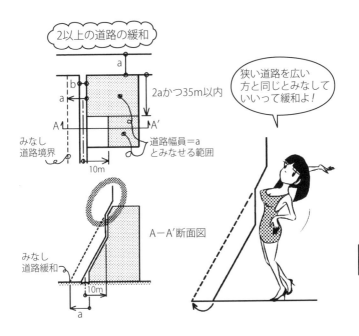

A−A′断面図

• 令132・2に上記の規定があります。

Q 敷地の一方に広い道路、反対側に狭い道路がある場合の道路斜線は?

A 一定の範囲では、狭い方の道路を広い方の道路とみなした道路斜線とできます。

下図左のように、狭い道路まで2aかつ35m以下なら、狭い方の道路幅員もaとみなせます。下図右のように、2aかつ35mを超える部分がある場合、狭い方の道路の中心から10mを超える部分は道路幅員aとみなし、10m以下の部分では狭い方の道路からの道路斜線となります。

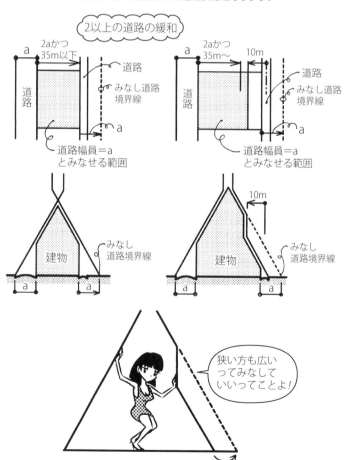

2以上の道路の緩和

隣地斜線　その1

Q 隣地斜線はどんな形？

▼

A 隣地境界線上の一定の高さから一定の勾配で斜めに立ち上がる線です。
斜線の上にはみ出して建築することはできません。

🧊 田園や低層以外の住居系では高さ20mから1 : 1.25の勾配、商業系、工業系は31mから1 : 2.5の勾配となります。

[スーパー記憶術]
隣の娘、20　歳
隣地斜線　20m　31m

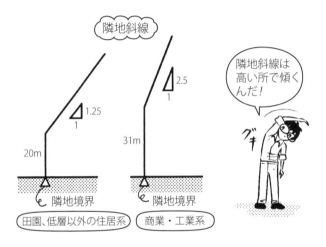

隣地斜線

2.5
1

1.25
1

20m

31m

隣地境界

隣地境界

田園、低層以外の住居系

商業・工業系

隣地斜線は
高い所で傾く
んだ！

グキ

6

高さ

● 隣地斜線の基点は20m、31mとかなり高い位置なので、5、6階程度以上の高層の建物にしか関係してきません。法56・1・二に上記の規定が書かれています。

Q 隣地斜線のセットバック緩和とは？

A 隣地境界から後退した距離の分だけ、隣地斜線を反対側にずらすことができる緩和です。

道路斜線のセットバック緩和は、道路境界から後退した距離の分だけ、反対側に斜線をずらすことができる緩和です。隣地斜線の場合も同様に、隣地境界から後退した距離の分だけ、反対側に斜線を動かすことができます。**20m（31m）**から上で建物が後退していれば、それより下の建物の部分は後退していなくてもかまいません。

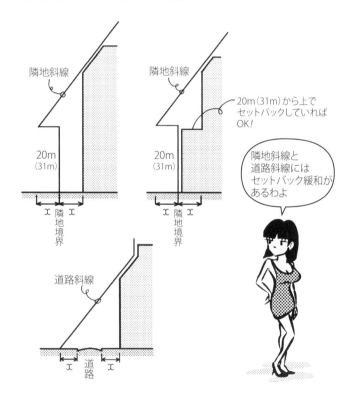

隣地斜線

隣地斜線

20m（31m）から上で
セットバックしていれば
OK!

20m
(31m)

20m
(31m)

x 隣地境界 x

x 隣地境界 x

隣地斜線と
道路斜線には
セットバック緩和が
あるわよ

道路斜線

x 道路 x

● 法56・1・二の条文中に、よく読むと上記の緩和が書かれています。難解なので、斜線の形を覚えてしまった方がよいでしょう。

Q 隣地が公園、広場、水面の場合、隣地斜線は？

A 公園などの幅の1/2だけ外側に隣地境界があるものとみなして隣地斜線制限を受けます。

道路斜線と同様に公園、広場、水面はセットバック緩和が使えます。道路斜線と違うのは公園などの幅の1/2だけ後退できる点です。公園などの緩和は、道路斜線は全幅、隣地斜線は1/2幅です。

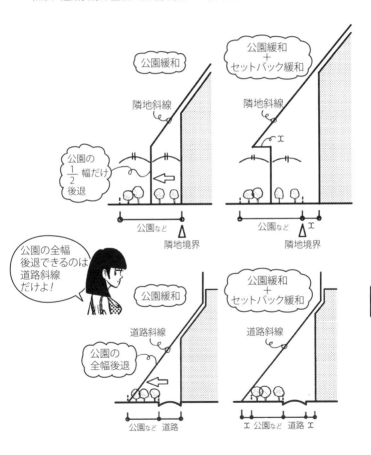

● 令135の3・1・一に上記の規定が書かれています。

6
高さ

Q 地盤面が隣地よりも1m以上低い場合の隣地斜線は？

A 敷地の方がHmだけ低いとすると、(H−1)/2だけ敷地の地盤面が高いとしてよくなります。

隣地の方が地盤が高い場合、建物の隣地への影響は少なくなるはずです。その場合、敷地が(H−1)/2mだけ高い位置にあるとみなしてよいという緩和規定です。これは、道路斜線の式と同じですが（R159参照）、道路斜線の場合は敷地の方が高く、隣地斜線の場合は敷地の方が低いケースです。高低差緩和とセットバック緩和を併用できるのは、道路斜線と同じです。

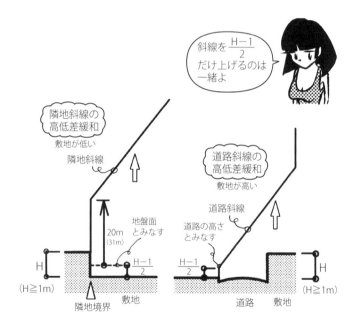

斜線を $\dfrac{H−1}{2}$ だけ上げるのは一緒よ

隣地斜線の高低差緩和
敷地が低い
隣地斜線

道路斜線の高低差緩和
敷地が高い
道路斜線

20m
(31m)
地盤面とみなす

道路の高さとみなす

$\dfrac{H−1}{2}$

$\dfrac{H−1}{2}$

H
(H≧1m)
隣地境界　　敷地

道路　　敷地

H
(H≧1m)

● 令135の3・1・二に上記の緩和規定が書かれています。

Q 北側斜線はどんな形？

A 北側隣地境界、北側道路の反対側境界の一定の高さから、北から南方向
　へ立ち上がる斜線です。斜線の上にはみ出して建築はできません。

北から南方向へ一定の高さから立ち上がる斜線です。建物や敷地の形が
ちょうど南北軸になっている方が珍しいので、下図のように北から南に距
離を測って、その向きに斜線を立ち上げます。田園、1種低層、2種低層
は**5m**、1種中高層、2種中高層は**10m**から斜線が立ち上がり、勾配は**1:1.25**
です。

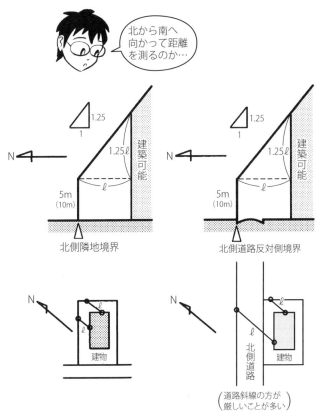

北から南へ
向かって距離
を測るのか…

北側隣地境界

北側道路反対側境界

建築可能

1.25ℓ

ℓ

5m
(10m)

N

建物

ℓ

ℓ

N

北側道路

建物

ℓ

（道路斜線の方が
厳しいことが多い）

● 法56・1・三の規定です。

Q 建築面積の1/8以下、高さ12m以下のペントハウスに北側斜線が掛かるのは可？　不可？

A 不可です。

道路斜線、隣地斜線は可ですが、北側斜線は不可となります。北側隣地への日当たり確保などのための制限なので、日当たりを大きくさえぎるペントハウスは不可となります。

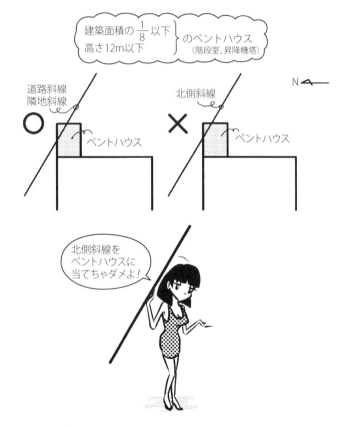

建築面積の $\dfrac{1}{8}$ 以下
高さ12m以下　　のペントハウス
（階段室、昇降機塔）

道路斜線
隣地斜線

〇　ペントハウス

北側斜線

×　ペントハウス

N

北側斜線を
ペントハウスに
当てちゃダメよ！

- 田園、1種低層、2種低層で、絶対高さ制限に掛からない建築面積の1/8以下で高さ5mまでのペントハウスも、北側斜線が掛かるのは不可となります。条文上は令2・1・六・ロの高さの定義で「第56条第1項第三号に規定する高さ（中略）を除き」に該当します。

Q 北側斜線に、道路斜線、隣地斜線のようなセットバック緩和はある？

A ありません。

ペントハウス緩和がないのと同様に、セットバック緩和もありません。建物を北側隣地境界から後退させても、北側斜線が反対側に後退することはありません。

[スーパー記憶術]
<u>北極</u>　には　<u>ペン</u>　　<u>セットがない</u>
北側斜線　　　ペントハウスとセットバックの緩和なし

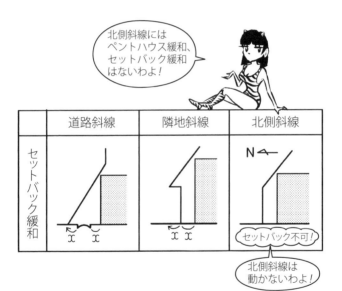

北側斜線にはペントハウス緩和、セットバック緩和はないわよ！

	道路斜線	隣地斜線	北側斜線
セットバック緩和			N←
	x　x	x　x	セットバック不可！

北側斜線は動かないわよ！

Q 北側斜線には隣地が公園などの場合の緩和、高低差緩和はある？

A 公園ではなく、水面、線路敷きなどが対象の緩和はあります。高低差緩和もあります。

道路斜線、隣地斜線の公園緩和、高低差緩和と同様の緩和があります。北側斜線では公園の記述はなく、水面、線路敷きなどが対象となります。水面などの幅の$\frac{1}{2}$だけ後退できるのは隣地斜線と同じです。高低差緩和の式は、道路斜線、隣地斜線と同じです（R159、165参照）。

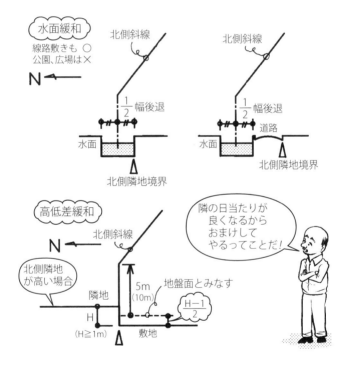

- 令135の4・1・一には、「水面、線路敷その他これらに類するもの」とあります。公園や広場の日当たりは良くなければなりませんが、水面、線路敷きなどは多少日当たりが悪くても可としたものです。また北側隣地が高い場合の緩和も、高いと日当たりが良くなるので緩和規定があります。

Q 道路斜線、隣地斜線、北側斜線の緩和をまとめると？

A 下図のようになります。

やっかいな斜線制限の緩和ですが、おおまかに覚えておくと実務で楽になります。そのほかに、天空率（**R172**参照）による緩和もあります。

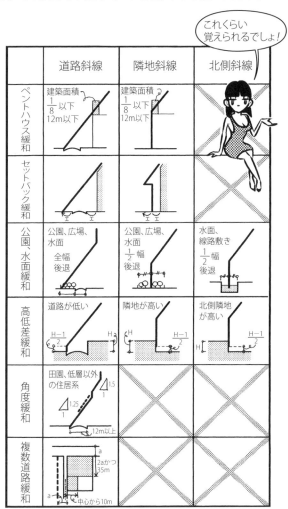

これくらい
覚えられるでしょ！

	道路斜線	隣地斜線	北側斜線
ペントハウス緩和	建築面積 $\frac{1}{8}$ 以下 12m以下	建築面積 $\frac{1}{8}$ 以下 12m以下	
セットバック緩和			
公園、水面緩和	公園、広場、水面 全幅後退	公園、広場、水面 $\frac{1}{2}$ 幅後退	水面、線路敷き $\frac{1}{2}$ 幅後退
高低差緩和	道路が低い $\frac{H-1}{2}$	隣地が高い $\frac{H-1}{2}$	北側隣地が高い $\frac{H-1}{2}$
角度緩和	田園、低層以外の住居系 1.5/1 1.25/1 12m以上		
複数道路緩和	a 2aかつ 35m a 中心から10m		

6

高さ

Q 高度斜線とは？

A 条例で定められた高度地区で適用される下図のような北から南への斜線です。

第1種高度地区、第2種高度地区などの指定がされている地区では、基準法の斜線のほかに高度斜線が掛かります。北側斜線よりも厳しく設定されています。

- 東京都、千葉県、横浜市、川崎市などの地方公共団体が指定するもので、同じ名前の高度地区でも、地域によって違う形の高度斜線となることがあるので注意して下さい。

Q 天空率とは?

A 魚眼レンズで上空を撮った際の、全天に対する空の占める割合、開放感を示す指標です。

目的の建物と空だけを考えて、上空を見た全体の視界の中で空がどれくらい占めているかを示す割合です。空を見上げたとき、建物にじゃまされていない部分がどれくらいあるか、どれくらい開放感があるかを示す指標です。

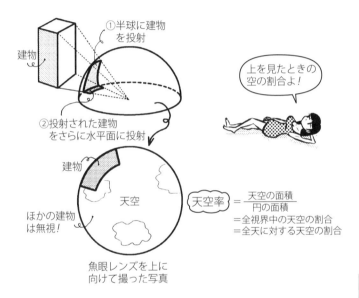

① 半球に建物を投射

建物

上を見たときの空の割合よ!

② 投射された建物をさらに水平面に投射

建物

ほかの建物は無視!

天空

天空率 = $\dfrac{天空の面積}{円の面積}$

=全視界中の天空の割合
=全天に対する天空の割合

魚眼レンズを上に向けて撮った写真

6

高さ

● わかりやすく魚眼レンズと説明していますが、正確には立体角投射率といい、魚眼レンズの画像は補正しなければなりません。半球に投射した画像を、さらに水平面に投影した場合の、円の中での面積比です。昼光率(ちゅうこうりつ)も同じ考え方でつくられました。詳しくは、拙著『ゼロからはじめる建築の[数学・物理]教室』、『ゼロからはじめる[環境工学]入門』などを参照して下さい。

★ / **R173** / 天空率　その2

Q 天空率緩和とは？

A 敷地の輪郭上に斜線ぴったりに切られた適合建築物と、計画建築物の天空率を比べて、計画建築物の天空率が上回っていたら可とする緩和です。

道路斜線などに引っ掛かってしまっている建物でも、天空率が適合建築物の天空率よりも大きければ **OK** としたものです。見上げた空の割合が適合建築物よりも大きければ、開放感も適合建築物より大きくなるはずで、ならば許してもよいだろうという趣旨です。

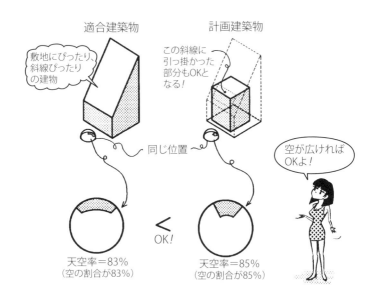

適合建築物

計画建築物

敷地にぴったり、斜線ぴったりの建物

この斜線に引っ掛かった部分もOKとなる！

同じ位置

空が広ければ OKよ！

OK!

天空率＝83%
（空の割合が83%）

天空率＝85%
（空の割合が85%）

- 天空率緩和は法56・7、令135の5〜令135の11にあります。
- 適合建築物は斜線をオーバーしない、斜線制限に適合した建築物のことです。
- 計画建築物は天空率で斜線の緩和を受けようとする、計画している建築物のことです。

〈180〉

Q 天空率の測定位置は？

▼

A 下図のように、各斜線ごとに決まっています。

💠 道路斜線では反対側境界線上で、両端と道路幅の1/2以内ごと、隣地斜線では隣地境界線から16m（12.4m）の基準線上で、両端と8m（6.2m）以内ごと、北側斜線では北側隣地から北に4m（8m）の基準線上で、両端と1m（2m）以内ごとです。基準線の位置は、斜線の延長線上となります。

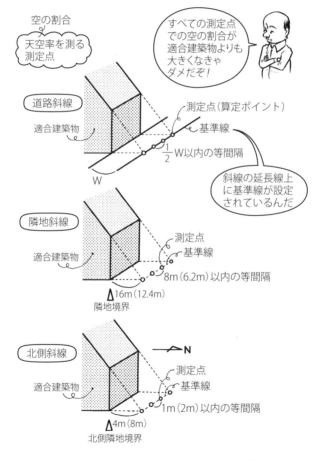

すべての測定点での空の割合が適合建築物よりも大きくなきゃダメだぞ！

空の割合
↓
天空率を測る
測定点

道路斜線

適合建築物

測定点（算定ポイント）
基準線

$\frac{1}{2}$W以内の等間隔

W

斜線の延長線上に基準線が設定されているんだ

隣地斜線

適合建築物

測定点
基準線

8m（6.2m）以内の等間隔

16m（12.4m）
隣地境界

北側斜線

→N

適合建築物

測定点
基準線

1m（2m）以内の等間隔

4m（8m）
北側隣地境界

● 法56・7に基準線の位置、令135の9〜11に基準線上の位置が書かれています。

6
高さ

Q ① 道路斜線の適用距離外のボリュームは、適合建築物ではどうする？
　　② 高さに入れなくてよいペントハウスは計画建築物ではどうなる？

▼

A ① 道路斜線の適用距離内だけで天空率を算定し、適用距離から外のボリュームは無視できます。
　　② 高さに入れなくてよいペントハウスでも、天空率算定では含めなければなりません。

道路斜線は適用距離から先は、垂直に立ち上がります。そこにボリュームをつくると、高層の建築物となって、空をふさぐ率が過大となってしまいます。また天空率は全天の空の割合を比べるもので、ペントハウスは空をふさぐ重要な要素となります。隣地斜線でも同様です。

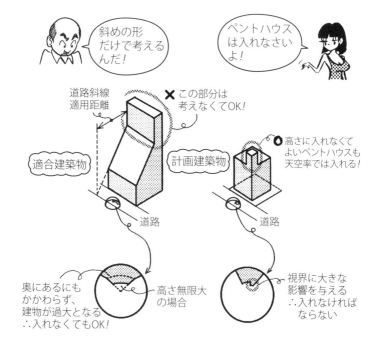

- 適合建築物で、セットバック距離の適用はできます。セットバック距離が3mの場合は、0≦後退距離≦3mの範囲で、天空率計算地点を任意に設定できます。
- 高低差緩和も、各斜線で適合建築物に採用できます。

Q 天空率を使って斜線よりも高層化するにはどうする？

A 敷地の両側をあけると高層化しやすくなります。

測定点から見て近い方、地盤に近い方が建物は大きく見えます。幅の広い建物は、地盤に近い部分が大きく見えて不利になります。同じ表面積ならば、敷地の両側をあけた細長い建物の方が、天空率には有利です。

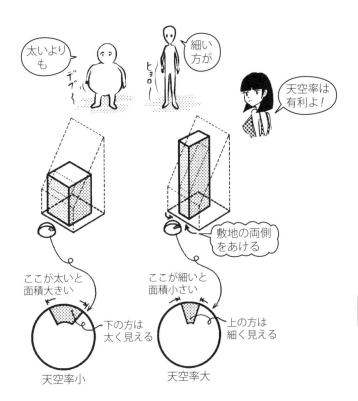

太いよりも

デブ〜

細い方が

ヒョロ〜

天空率は有利よ！

敷地の両側をあける

ここが太いと面積大きい

下の方は太く見える

天空率小

ここが細いと面積小さい

上の方は細く見える

天空率大

6

高さ

Q 日影図（にちえいず、ひかげず）とは？

▼

A 地盤面より上の一定の高さの水平面に影を落とし、その軌跡を記録したものが日影図です。

■ 日影図は、太陽の一番低い冬至日（とうじび）に、南に太陽がくる（南中：なんちゅう）時間を正午12時ちょうどに調整した時間（真太陽時：しんたいようじ）で描きます。

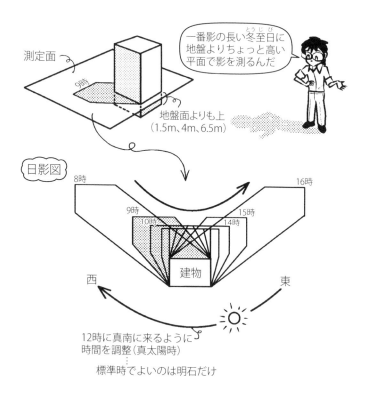

一番影の長い冬至日に地盤よりちょっと高い平面で影を測るんだ

測定面

9時

地盤面よりも上（1.5m、4m、6.5m）

日影図

8時　　　　　　　　　　16時

9時　　　　　　　　　　15時

10時　　　　　　14時

建物

西　　　　　　　　　　東

12時に真南に来るように時間を調整（真太陽時）

標準時でよいのは明石だけ

● 東から昇った太陽は徐々に高度を上げるので、影は徐々に短くなり、南中時に中央で一番短くなります。そして太陽は、西へと徐々に高度を下げていくので、影は徐々に長くなります。8時から16時までの8時間で測ります。

● 昔は手でこつこつと日影図を描きましたが、今ではコンピュータが一瞬にして描いてくれます。

Q 等時間日影図とは？

A 一定時間、日影となるエリアを示す図です。

刻々と動いていく影を描いたのが日影図ですが、それぞれの点でどれくらいの時間、日影なのかを示すのが等時間日影図です。3時間日影となってしまう範囲、4時間日影となってしまう範囲などを示します。

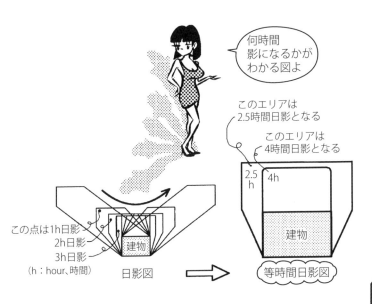

何時間影になるかがわかる図よ

このエリアは2.5時間日影となる

このエリアは4時間日影となる

この点は1h日影
2h日影
3h日影
（h：hour、時間）

日影図

2.5h　4h

建物

等時間日影図

6
高さ

Q 日影規制はどのようにされる？

▼

A 敷地境界から5mを超える範囲には4時間以上の日影を生じてはならず、10mを超える範囲には2.5時間以上の日影を生じてはならないなどと、日影時間を2種類指定して規制しています。

その場合、5mラインを4時間日影の線、10mラインを2.5時間日影の線が超えなければOKです。用途地域、規模などでその2種類の時間が指定されています。

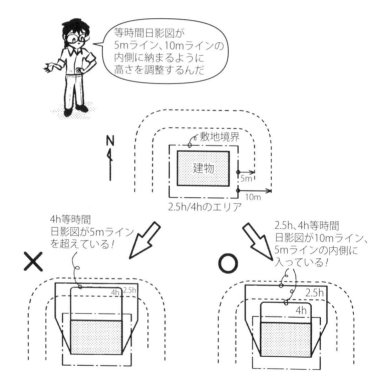

等時間日影図が5mライン、10mラインの内側に納まるように高さを調整するんだ

敷地境界
建物
5m
10m
2.5h/4hのエリア

N

4h等時間日影図が5mラインを超えている！

4h 2.5h

×

2.5h、4h等時間日影図が10mライン、5mラインの内側に入っている！

2.5h
4h

O

● 法別表4にある程度の分類が書かれていますが、都市計画地図に「地盤面から1.5m、2.5時間、4時間」などと指定されています。

Q 道路、水面、線路敷きがある場合の日影規制の緩和はどうなる？

▼

A 幅が10m以下の場合は1/2だけ外側を敷地境界とみなし、10mを超える場合は反対側境界から5m内側を敷地境界とみなすことができます。

道路、水面、線路敷きに影が落ちても、ある程度は許してやろうという緩和規定です。敷地境界を道路などの1/2幅だけ外にすることができます。さらに10mを超える場合は、反対側境界から5m内側が敷地境界となり、さらに有利にできます。真北に近い側に、道路、水面、線路敷きがあると有利になります。

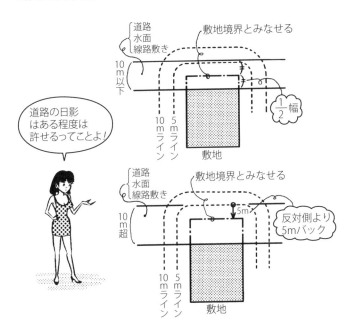

道路の日影はある程度は許せるってことよ！

- 令135の12・3・一に「建築物の敷地が道路、水面、線路敷その他これらに類するものに接する場合においては、当該道路、水面、線路敷その他これらに類するものに接する敷地境界線は、当該道路、水面、線路敷その他これらに類するものの幅の1/2だけ外側にあるものとみなす。ただし、当該道路、水面、線路敷その他これらに類するものの幅が10mを超えるときは、当該道路、水面、線路敷その他これらに類するものの反対側の境界線から当該敷地の側に水平距離5mの線を敷地境界線とみなす」と書かれています。特に幅が10mを超える場合、幅の1/2ではなく5m内側が敷地境界となることは、学生がよく間違える所です。

6

高さ

Q 高低差がある場合は、日影の測定面はどうする？

▼

A 平均地盤面から一定の高さの水平面とします。

3mを超える高低差でも、平均地盤面をひとつとして、そこからの高さ1.5mや4mなどの水平面を日影の測定面とします。建物の高さの算定では、高低差3mごとに平均地盤面を決めますが（R141参照）、日影規制の場合は平均地盤面はひとつに決めます。ただし、建物高さが10mを超えると日影規制がかかるという場合は、3mごとの平均地盤面から測った高さが10mを超えるか否かで判断します。

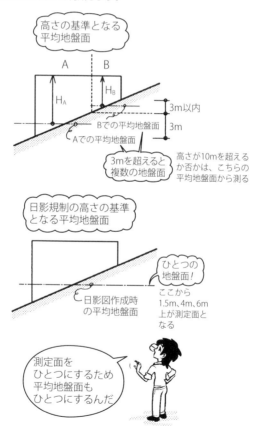

高さの基準となる平均地盤面

A　B

H_A　H_B

3m以内
3m

Bでの平均地盤面
Aでの平均地盤面

3mを超えると複数の地盤面

高さが10mを超えるか否かは、こちらの平均地盤面から測る

日影規制の高さの基準となる平均地盤面

ひとつの地盤面！

ここから1.5m、4m、6m上が測定面となる

日影図作成時の平均地盤面

測定面をひとつにするため平均地盤面もひとつにするんだ

• 日影計算時の平均地盤面は、法別表4の一番下に書かれています。

Q 北側隣地よりも敷地が1m以上低い場合、日影規制はどうなる？

A Hmだけ低いとすると、$(H-1)/2$ だけ高いとしてよくなります。

北側隣地が高いと、隣地への日影は小さくなるはずです。そこで、このような緩和規定が用意されています。その高くみなされた地盤面から一定の高さをとった水平面を、日影の測定面とします。

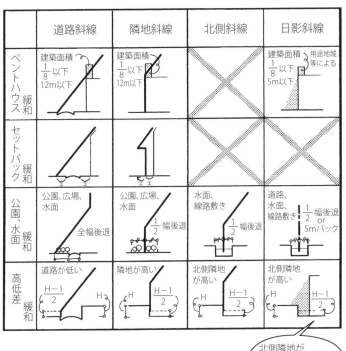

	道路斜線	隣地斜線	北側斜線	日影斜線
ペントハウス緩和	建築面積$\frac{1}{8}$以下　12m以下	建築面積$\frac{1}{8}$以下　12m以下	✕	建築面積$\frac{1}{8}$以下　5m以下　用途地域等による
セットバック緩和			✕	✕
公園・水面緩和	公園、広場、水面　全幅後退	公園、広場、水面　$\frac{1}{2}$幅後退	水面、線路敷き　$\frac{1}{2}$幅後退	道路、水面、線路敷き　$\frac{1}{2}$幅後退 or 5mバック
高低差緩和	道路が低い　$\frac{H-1}{2}$　H	隣地が高い　$\frac{H-1}{2}$	北側隣地が高い　$\frac{H-1}{2}$	北側隣地が高い　$\frac{H-1}{2}$

北側隣地が高いと、日影が小さくなるからよ！

6
高さ

• 令135の12・3・ニに書かれています。$(H-1)/2$の式は、道路斜線、隣地斜線、北側斜線にも用いられます。そのほかに、建築面積の1/8以下のペントハウスは、用途地域によっては5mまで高さに入れなくてよいという緩和（令2・1・六・ロのかっこ内）があります（R150参照）。

Q ひとつの敷地に2つ以上の建物がある場合、日影は別々に測る？　一緒に測る？

A ひとつの建物とみなして、一緒に日影を測ります。

別々に測った場合と、一緒に測った場合では、日影図に違いが出ます。一緒に測ると日影が複合されて、大きくなるからです。別々に日影規制をクリアするのではなく、ひとつの建物として日影規制をクリアしなければなりません。

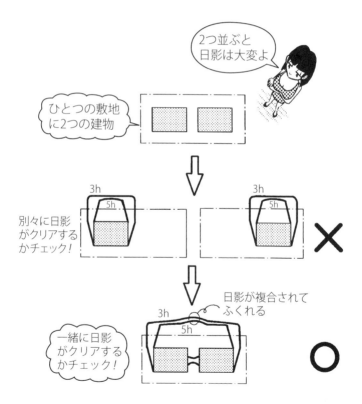

• 法56の2・2に「同一の敷地内に2以上の建築物がある場合においては、これらの建築物を一の建築物とみなして、前項の規定を適用する」とあります。

Q 日影規制区域外でも日影制限されることがある？

A 高さが 10m を超える建物が、冬至日に日影規制区域内の土地に日影を落とす場合は、日影規制を受けることになります。

日影規制は原則として、地方公共団体が定めた日影規制区域内の建物が対象です。ただし規制区域外にあっても、10m を超える建物が規制区域内に影を落とすときには、その建物も日影規制の対象となります。

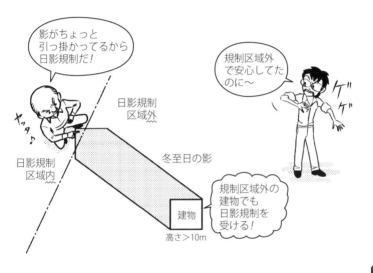

- 法56の2・4に「対象区域外にある高さが 10m を超える建築物で、冬至日において、対象区域内の土地に日影を生じさせるものは、当該対象区域内にある建築物とみなして、第1項の規定を適用する」とあります。

★ / R185 / 燃えにくさの指標　その1

Q 材料、構造、建築物で、燃えにくさの等級を表す用語は?

A 材料は<u>不燃材料</u>><u>準不燃材料</u>>難燃材料、
構造は<u>耐火構造</u>><u>準耐火構造</u>><u>防火構造</u>>準防火構造、
建築物は<u>耐火建築物</u>><u>準耐火建築物</u>です。

材料はコンクリート、モルタル、板などの素材や部材です。構造とは建物
の骨格、建築物とは建物全体です。まずは、この名前を覚えることからは
じめましょう。

[スーパー記憶術]

$\underline{\frac{不}{不燃}}$　$\underline{\frac{純}{準不燃}}$　$\underline{\frac{な}{難燃}}$　材料

これぐらい
覚えてもらわ
なきゃな!

素材、部材　　　　骨組　　　　建物全体

材　料	構　造	建　築　物
不　　燃	耐　　火	耐　　火
準　不　燃	準　耐　火	準　耐　火
	防　　火	
難　　燃	準　防　火	

燃えにくい ↑

● 不燃材料などは法2・九、令1・五、令1・六にあります。耐火構造などは法2・七、
法2・七の二、法2・八、法23にあります。耐火建築物などは法2・九の二、法2・
九の三にあります。

Q 不燃材料、準不燃材料、難燃材料の包含関係は？

A 下図のように、不燃材料⊂準不燃材料⊂難燃材料となります。

🔲 条文に「準不燃材料としなければならない」とある場合は、不燃材料、準不燃材料が使えるということです。「難燃材料としなければならない」とある場合は、不燃材料、準不燃材料、難燃材料が使えるということです。

7

防火

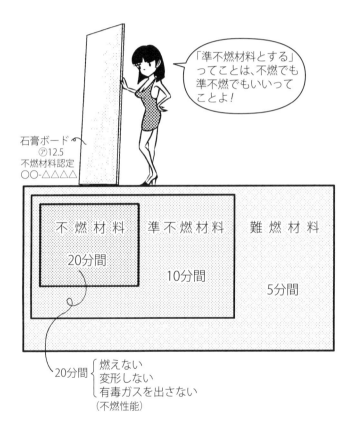

「準不燃材料とする」ってことは、不燃でも準不燃でもいいってことよ！

石膏ボード
⑦12.5
不燃材料認定
○○-△△△△

| 不 燃 材 料 | 準不燃材料 | 難 燃 材 料 |
| 20分間 | 10分間 | 5分間 |

20分間 ⎰ 燃えない
　　　　 変形しない
　　　　 有毒ガスを出さない
　　　（不燃性能）

● 不燃材料は20分間、燃えない、損傷しない、煙または有毒ガスを発生しないという「不燃性能」のある材料です。準不燃材料は10分間、難燃材料は5分間です。令108の2、令1・五、令1・六に書かれています。

Q 不燃材料にはどんな材料がある?

A コンクリート、モルタル、鉄鋼、金属板、ガラス、レンガ、石、厚さ12mm以上の石膏ボードなどです。

 この8種の不燃材料は、覚えておきましょう。

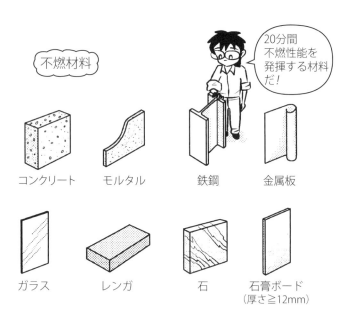

20分間不燃性能を発揮する材料だ!

不燃材料

コンクリート　モルタル　鉄鋼　金属板

ガラス　レンガ　石　石膏ボード（厚さ≧12mm）

● 平12建告1400に17の材料があげられています。さらに大臣認定をとって不燃材料とされることもあります。その場合は認定番号が付けられます。

Q 石膏ボード（プラスターボード）は不燃材料、準不燃材料、難燃材料？

A 板厚と表面の紙の厚みによって、不燃材料、準不燃材料、難燃材料となります。

厚さ12mm以上が不燃材料、厚さ9mm以上が準不燃材料、厚さ7mm以上が難燃材料です。表面の紙（ボード用原紙）の厚さにも規定があります。木毛セメント板、木片セメント板は、一定厚さ以上で準不燃材料となります。

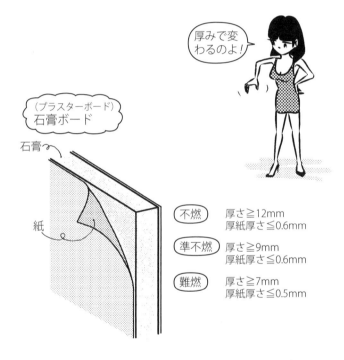

厚みで変わるのよ！

（プラスターボード）
石膏ボード

石膏

紙

不燃　厚さ≧12mm
　　　厚紙厚さ≦0.6mm

準不燃　厚さ≧9mm
　　　　厚紙厚さ≦0.6mm

難燃　厚さ≧7mm
　　　厚紙厚さ≦0.5mm

7

防火

● 準不燃材料は平12建告1401、難燃材料は平12建告1402にあります。吉野石膏の石膏ボードなどの具体的な商品に関しては、大臣認定の認定番号が付けられていて、確認申請時にその番号を書くことがあります。

Q 耐火構造、準耐火構造、防火構造、準防火構造の包含関係は？

▼

A 下図のように、耐火構造⊂準耐火構造⊂防火構造⊂準防火構造となります。

🔳 耐火構造であれば、準耐火構造、防火構造、準防火構造でもあります。
準耐火構造であれば、防火構造、準防火構造でもあります。法文に「準
耐火構造とする」とあれば、耐火構造か準耐火構造とします。

耐火性能の
高い方が内側
よ！

準耐火構造ならば、
防火構造、準防火構造
でもある

| 耐火構造 RC造、S造など | 準耐火構造 S造、W造など | 防火構造 W造など | 準防火構造 W造など |

● 法2・七、法2・七の二、法2・八、法23にあります。耐火構造は主にRC造、
耐火被覆した重量鉄骨造。準耐火構造は主に鉄骨造で木造が含まれることもあ
ります。防火構造、準防火構造は主に木造です。

Q 耐火性能、準耐火性能、防火性能、準防火性能の包含関係は？

▼

A 下図のように、耐火性能⊂準耐火性能⊂防火性能⊂準防火性能となります。

規定の耐火性能を満たすと耐火構造となります。準耐火性能、防火性能、準防火性能も同様です。各性能には、非損傷性、遮熱性、遮炎性などの時間が決められています。包含関係の内側にある性能ほど、時間が長く設定されています。この時間は階や部位によって変わります。

7

防火

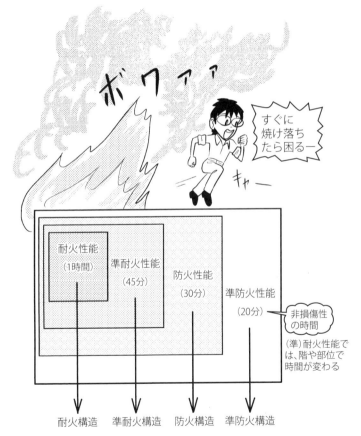

ボワァァ

すぐに
焼け落ち
たら困るー

キャー

耐火性能
（1時間）

準耐火性能
（45分）

防火性能
（30分）

準防火性能
（20分）

非損傷性
の時間

（準）耐火性能では、階や部位で時間が変わる

耐火構造　　準耐火構造　　防火構造　　準防火構造

● 耐火性能は令107、準耐火性能は令107の2、防火性能は令108、準防火性能は令109の7に技術的基準が書かれています。

Q 耐火構造の耐火時間は、階によってどう変わる？

A 下図のように、下の階ほど長い時間となります。

耐火時間は柱、梁の場合、建物の上から4以内の階では1時間、5以上14以内の階では2時間、15以上の階では3時間と決められています。この時間は、構造耐力上支障のある変形、溶融、破壊などを生じないものである必要があります。

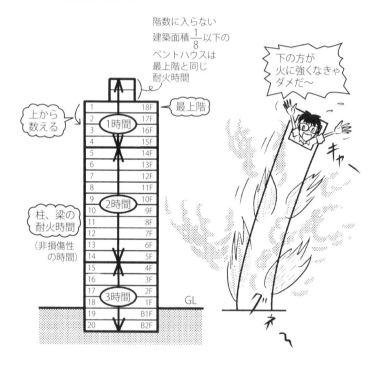

階数に入らない
建築面積 $\frac{1}{8}$ 以下の
ペントハウスは
最上階と同じ
耐火時間

下の方が
火に強くなきゃ
ダメだ〜

上から
数える

1時間

柱、梁の
耐火時間

（非損傷性
の時間）

2時間

3時間

1	18F	最上階
2	17F	
3	16F	
4	15F	
5	14F	
6	13F	
7	12F	
8	11F	
9	10F	
10	9F	
11	8F	
12	7F	
13	6F	
14	5F	
15	4F	
16	3F	
17	2F	
18	1F	GL
19	B1F	
20	B2F	

• 上記は、令107・一の表にあります。上図は、非損傷性における耐火時間です。遮熱性、遮炎性における耐火時間については、別の定めがあります。階数に入らないペントハウスは、最上階と同じ耐火時間とします。

Q 耐火構造の柱、梁はどんなもの？

A 下図のような、RC造、耐火被覆された鉄骨造などです。

柱の小径（しょうけい：小さい方の幅）、鉄筋のかぶり厚さ（コンクリート表面から鉄筋までの距離）などが、耐火時間何時間では何cm以上と定められています。鉄は火に弱いので、コンクリートやモルタルなどが、鉄筋や鉄骨の外側にどれくらいかぶっているかが問題となります。

7
防火

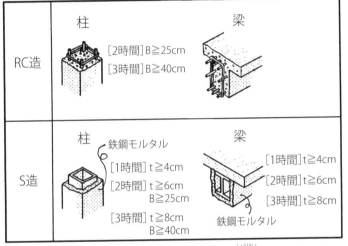

	耐火構造	[非損傷性の時間]
	柱	梁
RC造	[2時間]B≧25cm [3時間]B≧40cm	
	柱　鉄鋼モルタル	梁
S造	[1時間] t≧4cm [2時間] t≧6cm B≧25cm [3時間] t≧8cm B≧40cm	[1時間] t≧4cm [2時間] t≧6cm [3時間] t≧8cm 鉄鋼モルタル

B：小径　t：かぶり厚さ

鉄の上に
どれくらい
かぶっているか
が重要なんだ

● 耐火構造の具体的な仕様は、平12建告1399にあります。柱、梁のほかにも、壁、床、階段、屋根の仕様が定められています。木造の耐火構造も、平30国交告472、平30国交告473で告示化されています。

● ALCパネルなどで耐火被覆をする場合、メーカーごとに耐火構造の認定をとっているため、詳しい仕様はカタログ、ウェブサイトなどで調べる必要があります。

Q 耐火構造と準耐火構造、その目的の違いは？

▼

A 耐火構造の目的は火災による倒壊、延焼の防止で、準耐火構造は延焼の抑制です。

耐火構造は倒壊、延焼の防止。一方、準耐火構造は延焼の抑制。言葉のニュアンスからも、準耐火構造はずいぶんとゆるくなっています。同じ柱、梁でも、耐火構造は1時間、2時間、3時間もたなければならないのに対して、準耐火構造は45分です。この45分とは、通常の消防活動で周囲への延焼を防ぐことができる時間で設定されています。

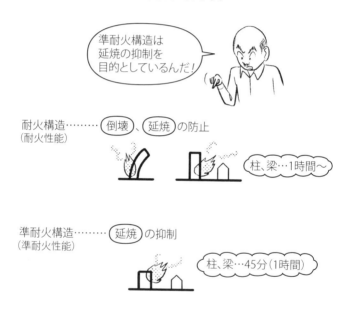

準耐火構造は
延焼の抑制を
目的としているんだ！

耐火構造‥‥‥‥ 倒壊 、 延焼 の防止
（耐火性能）

柱、梁…1時間〜

準耐火構造‥‥‥‥ 延焼 の抑制
（準耐火性能）

柱、梁…45分（1時間）

- 法2・七の耐火性能の説明に「通常の火災が終了するまでの間当該火災による建築物の倒壊及び延焼を防止するために当該建築物の部分に必要とされる性能をいう」とあります。法2・七の二の準耐火性能の説明に「通常の火災による延焼を抑制するために当該建築物の部分に必要とされる性能をいう」とあります。
- 準耐火構造の特殊なものとして、耐火時間が1時間のものもあります。

Q 準耐火構造の柱、梁はどんなもの？

A 鉄骨造や木造の柱、梁の周りに厚さ15mm以上の石膏ボードなどを巻いたものです。

厚さが12mm以上の石膏ボードの上に9mm以上の難燃合板をさらに巻くなど、さまざまな組み合わせが規定されています。

7
防火

石膏ボード、
難燃合板、
モルタルなんか
を体に巻くのよ

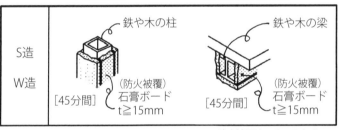

	準耐火構造	［非損傷性の時間］
S造 W造	鉄や木の柱 ［45分間］ （防火被覆） 石膏ボード t≧15mm	鉄や木の梁 ［45分間］ （防火被覆） 石膏ボード t≧15mm

・防火被覆はいろいろあり
・1時間準耐火構造あり
・耐火構造ならば準耐火構造

● 45分間損傷がないことは、令107の2にあります。
● 準耐火構造の具体的仕様は、平12建告1358にあります。
● 木造では燃えしろ設計として、柱・梁をあらわしで使うことができます。燃えしろ分だけ3.5cm、4.5cm、6cmなどの厚さ分、断面を大きくして準耐火性能を確保します。
● (準)耐火構造には、具体的な仕様を示した告示（例示仕様、仕様規定）のほかに、大臣認定（認定仕様）、耐火性能検証法により確認する方法があります。

Q <u>1時間準耐火構造とは？</u>

▼

A 耐火時間が通常の45分ではなく1時間とされた、一般の準耐火構造より若干厳しい構造です。

 3階建ての学校や共同住宅などを木造でつくれるようにするために、耐火構造を若干緩和して、準耐火構造を若干厳しくした規定です。非損傷性の耐火時間が、一般の準耐火構造では45分のところを1時間と定めています。

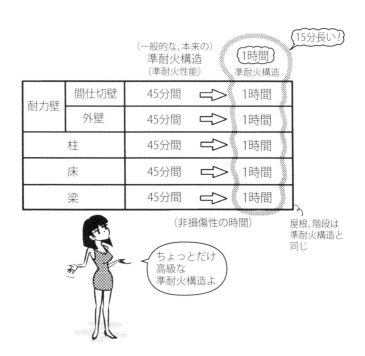

15分長い！

（一般的な、本来の）
準耐火構造
（準耐火性能）

（1時間）
準耐火構造

耐力壁	間仕切壁	45分間	⇒	1時間
	外壁	45分間	⇒	1時間
柱		45分間	⇒	1時間
床		45分間	⇒	1時間
梁		45分間	⇒	1時間

（非損傷性の時間）

屋根、階段は
準耐火構造と
同じ

ちょっとだけ
高級な
準耐火構造よ

- 45分間は令107の2、1時間は令112・1にあり、防火区画における準耐火構造の性能になります。
- さらに1時間より長い75分準耐火構造を用いると、木造の中高層建築物（高さ16m以下かつ3階以下）でも柱・梁をあらわしとすることができます。

Q 耐火、準耐火構造と防火、準防火構造の目的の違いは?

A 耐火、準耐火構造が内部で発生した火災に耐える構造であるのに対して、防火、準防火構造は外部の火災に耐える、ほかから延焼するのを防ぐための構造です。

内部の火に耐えるのが耐火、準耐火で、外部の火に耐えるのが防火、準防火です。外からのもらい火が起こりにくいような、ほかからの延焼を防止するような構造が防火、準防火構造です。

7

防火

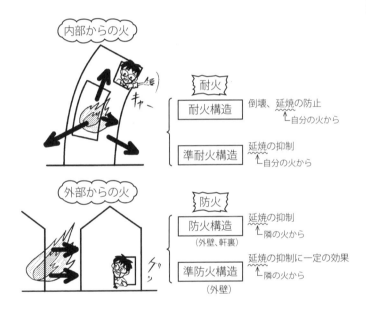

- 耐火性能は「通常の火災が終了するまでの間当該火災による建築物の倒壊及び延焼を防止するために当該建築物の部分に必要とされる性能をいう」(法2・七)、準耐火性能は「通常の火災による延焼を抑制するために当該建築物の部分に必要とされる性能をいう」(法2・七の二) とあります。
- 防火性能は「建築物の周囲において発生する通常の火災による延焼を抑制するために当該外壁又は軒裏に必要とされる性能をいう」(法2・八)、準防火性能は「建築物の周囲において発生する通常の火災による延焼の抑制に一定の効果を発揮するために外壁に必要とされる性能をいう」(法23) とあります (下線筆者)。

Q 防火構造の外壁とはどんなもの？

▼

A 木造下地で20mm厚以上の鉄網（てつもう）モルタル＋9.5mm厚以上の石膏ボードなどです。

💭 準防火構造は、防火構造よりもさらに薄いつくりにできます。防火構造、準防火構造は、外壁と軒裏に適用される構造です。

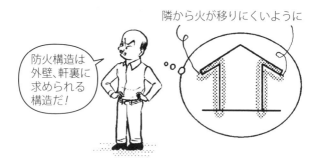

防火構造　　　　　　　　　　　　［非損傷性の時間］

	防火構造 ［非損傷性の時間］
W造 S造	木 — 石膏ボード t≧9.5mm 鉄網モルタル t≧20mm ［30分間］ / 鉄骨 — 石膏ボード t≧9.5mm 鉄網モルタル t≧15mm ［30分間］

隣から火が移りにくいように

防火構造は外壁、軒裏に求められる構造だ！

- 30分間は令108にあります。
- 防火構造は平12建告1359、準防火構造は平12建告1362に具体的な仕様が書かれています。
- 鉄網モルタルは、ラスモルタルともいいます。ラス（lath）とは、塗り壁の下地にする金網や薄く細長い木の下地＝木舞（こまい）を指します。

Q 防火設備とは？

A 下図のような、鉄製防火戸、鉄製シャッター、網入りガラスの鉄製サッシ、大臣認定をとった網入りガラスのアルミサッシ、ドレンチャーなどです。

🧊 防火設備とは、開口から火が出入りするのを防ぐ設備です。**20分間の遮炎性能**が要求されます。

防火設備
[20分間の遮炎性能]

穴をしっかり
ふさげって
ことよ！

鉄製防火戸
t≧0.8mm
（両面ではt≧0.5mm）

鉄製シャッター
t≧0.8mm

網入りガラス入り
鉄製サッシ、
アルミサッシ（大臣認定）
網入りガラス
（菱ワイヤー）

ドレンチャー
水幕
スプリンクラーは消火
ドレンチャーは延焼防止

- 防火設備は令109、20分間の遮炎は令109の2にあります。
- ドレンチャーとは水を大量に放出して、その水幕で火災が広がるのを抑える、水幕で開口に蓋をする設備です。スプリンクラーが火を消火するのと違って、延焼を防ぐ目的の設備です。
- 開口部をさえぎるようにつくられたコンクリートの外壁、袖壁、塀も、防火設備とみなします。

Q 特定防火設備とは？

A 下図のような、常時閉鎖式または感知器連動閉鎖式の鉄製防火戸、鉄製シャッター、防火ダンパーなどです。

防火設備は（準）耐火建築物や防火区画（竪穴区画など）で、特定防火設備は防火区画（面積区画、高層区画など）で使われます。防火設備の遮炎性能は20分間なのに対して、特定防火設備は1時間です。

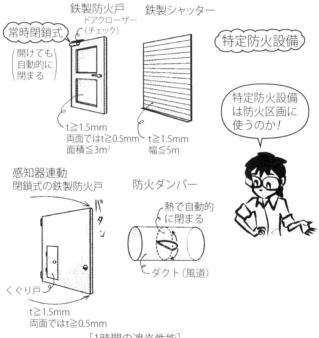

鉄製防火戸　　鉄製シャッター

ドアクローザー（チェック）

常時閉鎖式

開けても自動的に閉まる

特定防火設備

特定防火設備は防火区画に使うのか！

t≧1.5mm
両面ではt≧0.5mm
面積≦3m²

t≧1.5mm
幅≦5m

感知器連動
閉鎖式の鉄製防火戸

防火ダンパー

熱で自動的に閉まる

ダクト（風道）

くぐり戸

t≧1.5mm
両面ではt≧0.5mm

［1時間の遮炎性能］

- 常時閉鎖式防火戸は、ドアチェック（ドアクローザー）が付けられた、常に閉まっている状態の防火戸です。平常時は開いたままで、火事のときに煙か熱の感知器と連動して閉まるのが、感知器連動の防火戸です。
- 防火ダンパーは、空調ダクトなどが防火区画を貫通する所で、火事のときに閉まる弁です。ハンダが溶けるなどの仕組みで弁が自動で閉じます。
- 特定防火設備という言葉は令112・1の防火区画の条文にあり、その仕様は昭48建告2563、平12建告1369にあります。
- 防火区画の扉やシャッターは、一部の例外を除いて特定防火設備が使われます。

Q 延焼のおそれのある部分とは？

A 近隣の火災から延焼しやすい部分として定められたもので、隣地境界、道路中心、建物間の中心から1階で**3m以下**、2階以上で**5m以下**の部分です。

隣から延焼しやすい部分として定められた範囲です。火は上に広がるので、1階は**3m以下**、2階以上は**5m以下**と、上が広くとられています。

7

防火

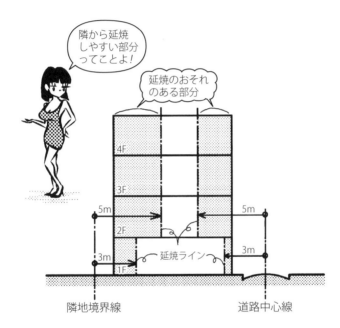

隣から延焼
しやすい部分
ってことよ！

延焼のおそれ
のある部分

4F

3F

5m　　　　5m

2F

3m　　延焼ライン　　3m

1F

隣地境界線　　　　　　　　　　道路中心線

- 法2・六に「隣地境界線、道路中心線又は同一敷地内の2以上の建築物（延べ面積の合計が**500m²**以内の建築物は、一の建築物とみなす。）相互の外壁間の中心線（中略）から、1階にあっては**3m以下**、2階以上にあっては**5m以下**の距離にある建築物の部分をいう」と書かれています。
- 公園、広場、川、そのほかの空地や耐火構造の壁などに面するなどの場合は、延焼のおそれがないので除かれます（法2・六・イ）。
- 建築物の外壁と隣地境界線等との角度が大きくなるほど、3m、5mよりも小さくてすみます。

Q 主要構造部とは？

A 防火上重要な構造で、壁、柱、梁、屋根、階段などをいいます。

「主要構造部」は防火上重要な部分で、「構造耐力上主要な部分」は構造上重要な部分です。

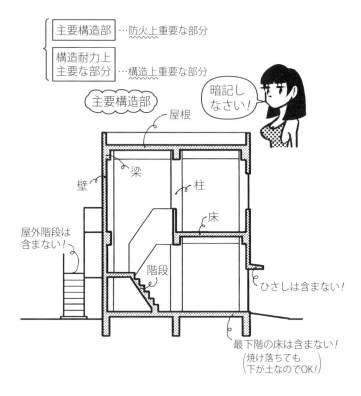

主要構造部 …防火上重要な部分

構造耐力上
主要な部分 …構造上重要な部分

暗記しなさい！

主要構造部

屋根

梁

壁

柱

床

屋外階段は含まない！

階段

ひさしは含まない！

最下階の床は含まない！
（焼け落ちても
下が土なのでOK！）

- 主要構造部は法2・五にあり、構造耐力上主要な部分は令1・三にあります。
- 最下階の床は、焼け落ちても下は地面なので、主要構造部に含まれません。また、屋外階段、局部的な小階段、間仕切壁、小梁、ひさしも主体となる構造ではないので、主要構造部に含まれません。

Q 耐火建築物とは?

A 主要構造部が耐火構造で、延焼のおそれのある開口部に防火設備を有する建築物です。

構造が火に強く、かつ開口から火が移りにくい建築物です。壁、柱、床、梁、屋根が燃えにくく、さらにそこにあいた穴も防火戸などでしっかりふさがっている建物です。

7

防火

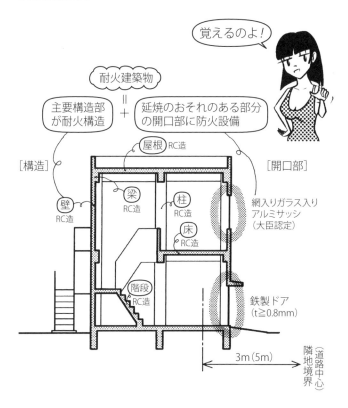

覚えるのよ！

耐火建築物
=
| 主要構造部が耐火構造 | + | 延焼のおそれのある部分の開口部に防火設備 |

[構造]

屋根 RC造

[開口部]

壁 RC造

梁 RC造

柱 RC造

床 RC造

網入りガラス入りアルミサッシ（大臣認定）

階段 RC造

鉄製ドア（t≧0.8mm）

3m（5m）

（道路中心）隣地境界

● 法2・九の二にあります。主要構造部が耐火構造であるだけでは、耐火建築物になりません。学生がよく間違える所なので注意しましょう。

Q 耐火建築物とするのに、主要構造部を耐火構造以外のものとすることはできる?

▼

A 技術的基準に適合することを、<u>耐火性能検証法</u>により確かめる、または適合するとして<u>大臣認定</u>を受けるならば可能です。

🧊 耐火構造と同等の構造であると検証した場合、または大臣認定された場合には、耐火構造の代わりとして採用できます。耐火建築物の主要構造部の条件は、下図のとおり3種類あります。

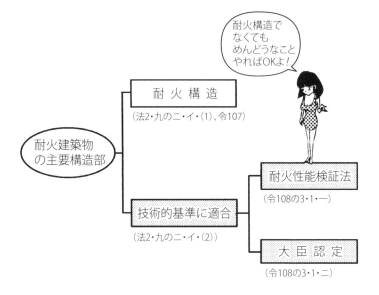

耐火構造でなくてもめんどうなことやればOKよ!

```
　　　　　　　　　　　　　　　　　　　　　耐　火　構　造
　　　　　　　　　　　　　　　　　　　　　（法2・九の二・イ・(1)、令107）

耐火建築物
の主要構造部
　　　　　　　　　　　　　　　　　　　　　　　　　　　　　耐火性能検証法
　　　　　　　　　　　　　　　　　　　　　　　　　　　　　（令108の3・1・一）
　　　　　　　　　　　　技術的基準に適合
　　　　　　　　　　　　（法2・九の二・イ・(2)）
　　　　　　　　　　　　　　　　　　　　　　　　　　　　　大　臣　認　定
　　　　　　　　　　　　　　　　　　　　　　　　　　　　　（令108の3・1・二）
```

● 法2・九の二・イ・(1) と令107は普通の耐火構造、法2・九の二・イ・(2) と令108の3・1・一は耐火性能検証法による構造、法2・九の二・イ・(2) と令108の3・1・二は大臣認定による構造です。耐火性能検証法については、令108の3・2にあります。

Q 準耐火建築物とは？

A 主要構造部が準耐火構造で、延焼のおそれのある開口部に防火設備を有する建築物です。

🔲 耐火建築物と同様に、構造と開口の2つの条件をクリアしなければなりません。

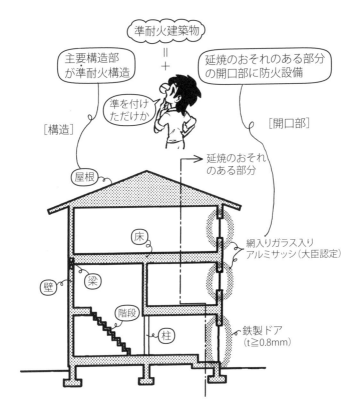

準耐火建築物
=
主要構造部
が準耐火構造
+
延焼のおそれのある部分
の開口部に防火設備

準を付け
ただけか

[構造]

[開口部]

延焼のおそれ
のある部分

屋根

床

網入りガラス入り
アルミサッシ（大臣認定）

壁

梁

階段

柱

鉄製ドア
(t≧0.8mm)

7

防火

● 法2・九の三・イに書かれています。

Q 準耐火建築物とするのに、主要構造部を準耐火構造以外のものとすることはできる？

A 外壁を耐火構造にする、軸組を不燃材料でつくるなどで技術的基準に適合すれば可能です。

通常の準耐火構造とするのが「イ準耐」、準耐火構造以外とするのが「ロ準耐」と俗にいわれます。そのロ準耐には2種類あって、外壁耐火構造の「ロの1準耐」、軸組不燃の「ロの2準耐」があります。

[スーパー記憶術]
　　肉身　　イロイロ　　ミディアムレア
　法2・九の三・イ　　　　　　準耐火
　法2・九の三・ロ

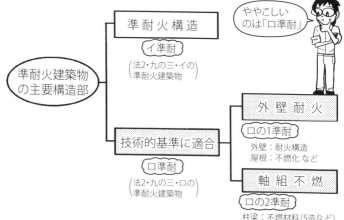

準耐火建築物
の主要構造部

準 耐 火 構 造
[イ準耐]
(法2・九の三・イの
準耐火建築物)

技術的基準に適合
[ロ準耐]
(法2・九の三・ロの
準耐火建築物)

ややこしい
のは「ロ準耐」

外 壁 耐 火
[ロの1準耐]
外壁：耐火構造
屋根：不燃化 など

軸 組 不 燃
[ロの2準耐]
柱梁：不燃材料（S造など）
その他の主要構造部：準不
燃材料
屋根：不燃化 など

● ロ準耐には、法2・九の三・ロ、令109の3・一、平12建告1367で規定されたものと、法2・九の三・ロ、令109の3・二、平12建告1368で規定されたものがあります。

Q 防火地域、準防火地域、22条区域とは？

A 市街地の大規模な火災を防ぐために定められた地域で、防火地域>準防火地域>22条区域の順に規制がゆるくなります。

　防火地域は駅前などの中心市街地、準防火地域はその周囲、22条区域はさらにその周囲の木造などの市街地に定められています。

7

防火

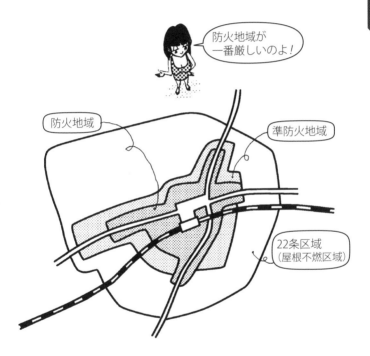

防火地域が
一番厳しいのよ！

防火地域

準防火地域

22条区域
（屋根不燃区域）

● 22条区域は屋根の不燃化が図られている区域なので、「屋根不燃区域」とも呼ばれます。

● 防火地域、準防火地域は法61〜66、22条区域は法22〜24の2に規制の内容などが書かれています。

213

Q 防火地域、準防火地域の規制は？

▼

A 延焼のおそれのある部分の外壁の開口部を防火戸などとし、規模に応じて一定の基準に適合する構造方法を用いなければなりません。

防火地域、準防火地域では、開口部と構造方法に規制を受けます。

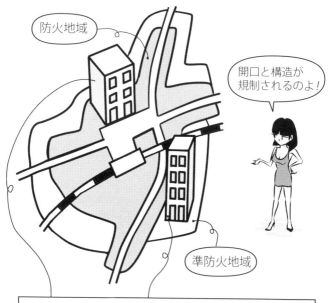

防火地域

開口と構造が
規制されるのよ！

準防火地域

・延焼のおそれのある外壁の部分の開口部を防火戸
　　　　　　　かつ
・基準に適合する構造方法

• 高さ2m以下の門や塀、準防火地域内の建築物に附属するものは規制を受けません（法61ただし書き）。

Q （準）防火地域で外壁を隣地境界に接してつくることはできる？

A 外壁が耐火構造の場合は可です。

民法上は50cm離さなければなりませんが（民法234）、基準法上は防火地域または準防火地域で外壁が耐火構造という2つの条件がそろえば、隣地境界ぎりぎりに建てることが可能です。

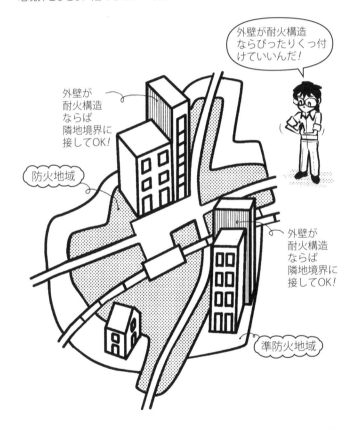

外壁が耐火構造ならぴったりくっ付けていいんだ！

外壁が
耐火構造
ならば
隣地境界に
接してOK！

防火地域

外壁が
耐火構造
ならば
隣地境界に
接してOK！

準防火地域

7
防火

• 法63に上記の規定があります。学生から、境界からどれくらい離せばいいのかという質問をよく受けます。密集した商業地域では（施工できる範囲で）隣地境界ぎりぎりにつくる例があります。住宅地では50cm離すのが普通です。民法は民間（民ー民）のトラブル解決のためのルールなので、役所が民法を根拠に規制することはありません。

Q 防火地域にある<u>看板</u>、<u>広告塔</u>に制限はある?

A 建築物の屋上に設けるもの、3mを超えるものは、主要な部分を不燃材料でつくるか覆わなければなりません。

看板、広告塔は、建築物ではない<u>工作物</u>ですが、規制を受けます。屋上につくるもの、3mを超えるものは、骨組を鉄骨（不燃材料）でつくる、不燃材料で覆うなどします。

看板、広告塔
（主要な部分を不燃材料とするか不燃材料で覆う）

防火地域

防火地域では看板にも防火の規制がかかるのか

● 法64に「防火地域内にある看板、広告塔、装飾塔その他これらに類する工作物で、建築物の屋上に設けるもの又は高さ3mをこえるものは、その主要な部分を不燃材料で造り、又は覆わなければならない」と定められています。

Q 防火地域、準防火地域、その他の地域を建築物がまたぐ場合はどうする？

A 建築物全体が規制の厳しい側にあるとみなします。

またぐのが敷地ではなく、建築物である点に注意して下さい。下図のように、規制の厳しい方を建物全体に適用します。

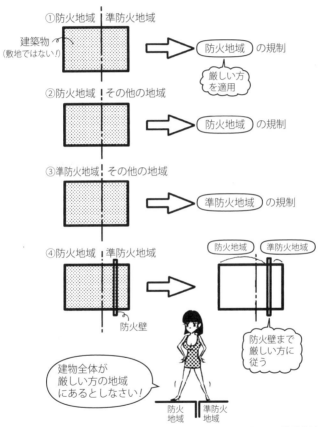

①防火地域｜準防火地域

建築物
（敷地ではない!） → 防火地域 の規制

厳しい方
を適用

②防火地域｜その他の地域 → 防火地域 の規制

③準防火地域｜その他の地域 → 準防火地域 の規制

④防火地域｜準防火地域 → 防火地域　準防火地域

防火壁

防火壁まで
厳しい方に
従う

建物全体が
厳しい方の地域
にあるとしなさい!

防火
地域　準防火
地域

7

防火

- 上図④のように、防火壁が準防火地域の側にある場合は、防火壁から準防火地域の側（右側）は準防火地域の規定で**OK**とされています。防火壁から先へは火事が広がりにくいからです。建築物が地域をまたぐ場合の規定は、法**65**にあります。
- 22条区域の場合も同様に、少しでも建築物が掛かっていれば、建物全体が22条区域にあるとして規制を受けます（法**24**）。

Q ① 敷地が異なる用途地域にまたがる場合の用途制限は？
　② 敷地が異なる用途地域にまたがる場合の面積制限は？
　③ 建築物が防火地域、準防火地域、その他の地域にまたがる場合の防火制限は？

▼

A ①用途制限：敷地の過半を占める方をとる（R074参照）。
商業地域の用途制限

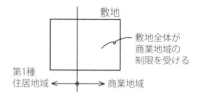

②面積制限：別々に計算して合計する（R137参照）。

$$A \times \frac{a}{10} + B \times \frac{b}{10}$$

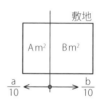

③防火の制限：厳しい方をとる（R210参照）。
防火地域の制限

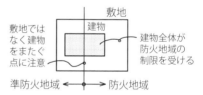

暗記しなさい！

● 上記3パターンは、建築士試験でよく出題されます。

Q 防火の3つの観点とは?

▼

A ①市街地火災を防止する地域の観点、②特殊建築物の避難安全を図る用途の観点、③大規模木造建築物の防火を図る規模の観点です。

🔲 地域の観点では法61の防火地域、用途の観点では法27と別表1の特殊建築物の規制、規模の観点では法21の大規模木造建築物の規制です。仕様規定から性能規定への移行に伴い、多くの告示とひも付けされ、防火関係の基準が複雑化して読みにくくなっています。まずはこの3つの観点を頭に入れましょう。

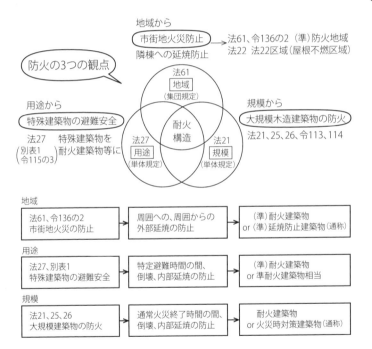

7

防火

Q 22条区域の防火規制は?

A 屋根を不燃材料でつくる、延焼のおそれのある部分の外壁を準防火構造とするなどの防火規制を受けます。

「屋根不燃区域」とも呼ばれる22条区域では、屋根と外壁について防火の規制があります。

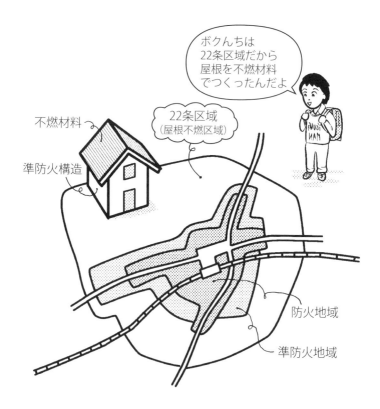

ボクんちは
22条区域だから
屋根を不燃材料
でつくったんだよ

不燃材料

準防火構造

22条区域
(屋根不燃区域)

防火地域

準防火地域

- 法22、23、令109の8に定められています。
- 大規模木造建築物（高さ16m超、階数4以上、高さ13m超の倉庫、自動車車庫）の主要構造部については、法21に定められています。

Q 特殊建築物の防火規制は？

A 一定規模以上で耐火建築物などとします。

法別表1に規模が書かれています。（準）防火地域内の特殊建築物の場合は、防火地域の規定と特殊建築物の規定の両方を見て、厳しい方を適用します。用途からの制限と地域からの制限の2つのルートを検討するわけです。

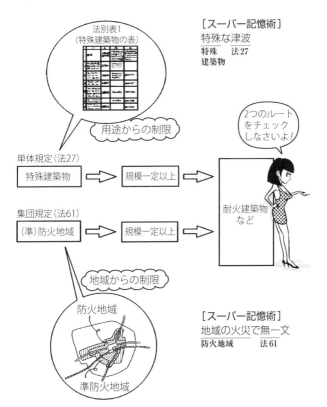

法別表1
（特殊建築物の表）

［スーパー記憶術］
特殊な津波
<u>特殊</u>　<u>法27</u>
建築物

用途からの制限

2つのルート
をチェック
しなさいよ！

単体規定（法27）

特殊建築物 ⇨ 規模一定以上 ⇨

集団規定（法61）

（準）防火地域 ⇨ 規模一定以上 ⇨

耐火建築物
など

地域からの制限

防火地域

準防火地域

［スーパー記憶術］
地域の火災で無一文
<u>防火地域</u>　<u>法61</u>

7

防火

- 特殊建築物の制限は法27の単体規定、（準）防火地域の制限は法61の集団規定です。この2つの規定は、特殊建築物ならば同時に検討するようにしましょう。
- 上記の「耐火建築物など」とは、耐火建築物、準耐火建築物、延焼のおそれのある部分の外壁の開口部を防火戸としかつ基準に適合する構造方法を用いる建築物を指します。

Q 法別表1はどういう表？

A 特殊建築物の種類と規模から耐火建築物などにするか否かを判断するための表です。

 （い）欄のどの用途分類に当たるかをまず見て、次に右側の規模をチェックします。（ろ）、（は）欄に該当する場合は耐火建築物など、（に）欄に該当する場合は耐火建築物または準耐火建築物にしなければなりません。

特殊建築物は
燃えにくくしなさい！
って表よ

別表1

	（い）	（ろ）	（は）	（に）
（1）	劇場…			
（2）	病院…	（27条1項）		
（3）	学校…	避難時間内は倒壊、延焼を防止する建築物		
（4）	百貨店…			
（5）	倉庫…	（27条2項）耐火建		（27条3項）準耐火建以上
（6）	自動車車庫…			

(5)、(6)は火災リスク大

準耐火建以上とは、耐火建築物または準耐火建築物の意味。

- （ろ）欄に「3階以上の階」となっている場合は、3階以上の階にその機能が入っている場合に耐火建築物などにするということです。
- 特殊建築物は耐火建築物とするほかに、別表1（1）～（4）に限って避難時間内は倒壊、延焼を防止する建築物とします。具体的には平27国交告255にあります。

Q 特定避難時間とは?

A 在館者全員が地上に避難するまでの時間です。

別表1の (1)〜(4) 項用途で規模が一定以上の特殊建築物は、特定避難時間の間、通常の火災による倒壊、内部延焼を防止しなければなりません。その時間、主要構造部は損傷しない性能を有し、延焼のおそれがある外壁の開口部には一定の性能の防火設備が必要となります。一定の特殊建築物は、在館者全員が避難するまでは、火災で倒壊、内部延焼しないようにしろということです。

7
防火

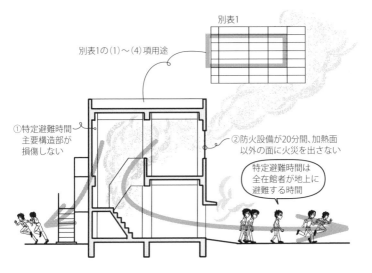

別表1

別表1の(1)〜(4)項用途

①特定避難時間
主要構造部が
損傷しない

②防火設備が20分間、加熱面
以外の面に火災を出さない

特定避難時間は
全在館者が地上に
避難する時間

• 法27に「その主要構造部を当該特殊建築物に存する者の全てが当該特殊建築物から地上までの避難を終了するまでの間通常の火災による建築物の倒壊及び延焼を防止するために主要構造部に必要とされる性能に関して政令で定める技術的基準に適合するもの…」とあり、主要構造部については令110に特定避難時間の間は損傷しない、延焼のおそれのある外壁の開口部は令110の3に20分間は加熱面以外の面に火炎を出さないこととあります。

Q 地上3階建ての共同住宅、学校を木造でつくることができる?

A 特定避難時間の間、通常の火災による倒壊、内部延焼を防止する建築物とし、さらに一定の条件下で可能となります。

木造3階建て共同住宅（木3共）、木造3階建ての学校（木3学）は、天井の不燃化、バルコニーの設置、窓の防火措置、建物周囲の空地などの条件付きで可能となります。その場合の主要構造部は、1時間準耐火構造となります。木3共は防火地域では不可です。

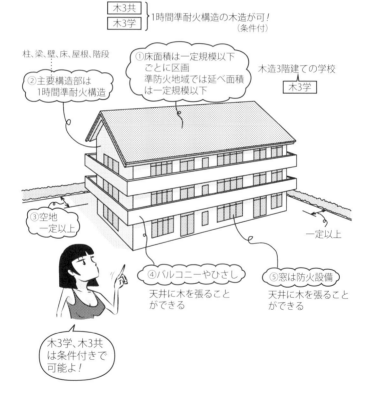

木3共
木3学
}1時間準耐火構造の木造が可!
（条件付）

柱、梁、壁、床、屋根、階段

②主要構造部は
1時間準耐火構造

①床面積は一定規模以下
ごとに区画
準防火地域では延べ面積
は一定規模以下

木造3階建ての学校
木3学

③空地
一定以上

一定以上

④バルコニーやひさし
天井に木を張ることができる

⑤窓は防火設備
天井に木を張ることができる

木3学、木3共
は条件付きで
可能よ!

● 法27・1と令110・一の基準に適合する構造方法として、平27国交告255・1・1・二に木3共、三号に木3学の仕様が書かれています。

Q 劇場、映画館、演芸場は、<u>主階が1階にない</u>場合は耐火上どうする？

▼

A 特定避難時間の間、通常の火災による倒壊、内部延焼を防止する建築物とします。

主階とは観客席のある階で、多人数が集まる階です。2階以上や地階に主階があると、火事になった場合に避難が困難となります。そこで、主階が1階にないというだけで、床面積に関係なく耐火建築物等としなければならないとされています。

7

防火

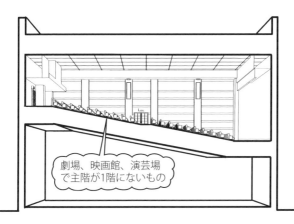

劇場、映画館、演芸場
で主階が1階にないもの

避難が大変だから
燃えにくくするのよ！

- 法27・1・四にあります。法別表1には書かれていませんので、これは覚えてしまった方がよいでしょう。
- 階数が3以下でかつ延べ面積が200m²未満の小規模のものは、上記の規定から除かれ、耐火の義務はありません。

Q 防火区画とは？

A 火炎が急に広がることを防ぐために、（準）耐火構造の壁、床、（特定）
防火設備などで区画することです。

船の水密区画は、水の浸入をひと区画だけに封じ込めて沈没を防ぐもの
です。建物の防火区画は、火事をひと区画だけに封じ込めて、全焼を防
ぐものです。災害を一定規模以上に拡大させない工夫です。

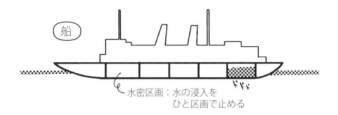

（船）

水密区画：水の浸入を
ひと区画で止める

（建物）

ボワ

火を区画の
中に閉じ込
めるのか

防火区画：火事をひと区画で止める

Q 4種の防火区画とは？

A 面積区画、高層区画、竪穴区画、異種用途区画です。

一定の面積ごとに区画するのが面積区画、11階以上の階で一定の面積ごとに区画するのが高層区画、吹き抜け、階段、昇降路などの竪穴を区画するのが竪穴区画、一定の特殊建築物とその他を区画するのが異種用途区画です。

7
防火

[スーパー記憶術]
面接で高層ビル、エレベーターに乗って異種の世界へ
①面積　②高層　　　③竪穴　　　　④異種用途

防火区画（令112）

(1〜6項)	面積区画	一定面積で区画
(7〜10項)	高層区画	11階以上の階で一定面積で区画
(11〜15項)	竪穴区画	吹き抜け、階段、ELV昇降路などの竪穴を区画
(18項)	異種用途区画	一定の特殊建築物の部分とその他を区画

④異種の世界へ
（異種用途区画）

②高層ビル
（高層区画）

①面接で
（面積区画）

③ELVに乗って
（竪穴区画）

リクルート
スーツ

• 防火区画の令112の条文は、21項もあってうんざりさせられます。この4つの区画名の順に並んでいるので、まず4つの名前をこの順に覚えてしまいましょう。区画名は俗称ですが、よく使われます。区画ごとに法令集の項番号を色分けすると、読みやすくなります。

Q 防火区画の壁、床はどういう構造？

A 区画の種類、建物の構造などによって、準耐火構造、1時間準耐火構造、耐火構造とします。

区画、構造の種類などによって、準耐火構造以上の各構造とすることが決められています。耐火構造と定められているのは、11階以上の高層区画のみです。また防火設備、準防火設備も、区画と構造によって変わります。

● 令112の各項に書かれています。区画と構造による場合分けの法文は、非常にわずらわしいので、設計実務ではマニュアル本などでダブルチェックするとよいでしょう。

Q 防火区画の壁や床が外壁と接する部分はどうする?

A 下図のように、小さな壁や突出した壁、ひさしを付けて、火の回り込みを防ぎます。

壁や床を外壁にぶつけただけだと、火が窓を通して回り込んでしまいます。そこで、**90cm**以上の壁を付けたり、**50cm**以上のひさしや袖壁を突出させて、火の回り込みを防ぎます。

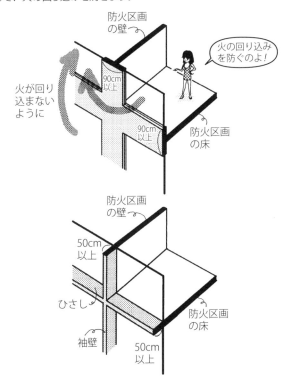

防火区画の壁

火の回り込みを防ぐのよ!

火が回り込まないように

90cm以上

90cm以上

防火区画の床

防火区画の壁

50cm以上

ひさし

防火区画の床

袖壁

50cm以上

- この場合の壁、ひさし、袖壁は準耐火構造とします。その部分を窓にしたい場合は、防火設備とすれば可能です。これらの規定は令112・16にあります。
- 各階の床付近に付ける水平に長い壁、横長連続窓の下に付ける壁は、「スパンドレル」ということがあります。スパンドレル(spandrel)は、2つのアーチに挟まれた三角形状の壁が原義です。現在では、①窓の間の壁、②目透かし張り用の長尺の金属板のことを指すことが多いです。両者ともに隙間を埋めるための長い板といった感じです。

7

防火

Q 防火区画のドアはどうする？

▼

A 常時閉鎖式または感知器連動閉鎖式の防火戸とします。

防火区画の開口は（特定）防火設備とします。ドアクローザー（ドアチェック）で常に閉まった状態にあるか、感知器が火事を感知して閉まるものにしなければ、区画の意味をなしません。感知器連動閉鎖式シャッターや防火戸の場合はくぐり戸を付けておき、閉まっても逃げられるようにしておきます。

常時閉鎖式防火戸

ドアクローザー（チェック）

防火区画

バタン

感知器連動閉鎖式防火戸

くぐり戸

バタン

感知器連動閉鎖式シャッター

くぐり戸

バシャー

ドアが閉まるから安全だ！

• 令112・19に（特定）防火設備を常時閉鎖式、感知器連動閉鎖式とすること、昭48建告2563・2564と平12建告1369に鉄板の厚みなどの具体的な仕様が記されています。

防火区画　その6

Q 防火区画を貫通する給水管、電線管、ダクト（風道）はどうする？

▼

A 給水管、電線管は防火区画貫通部から1m以内の部分をモルタルなどの不燃材料で被覆して、ダクトには防火ダンパーを付けます。

🔲 塩化ビニル管は、燃えて貫通部に穴があいてしまいます。そこで、不燃材料で被覆したり、耐火2層管という最初から被覆された管や鋼管を使います。また壁や床と管の隙間もモルタルなどでふさいでおきます。ダクトの場合は、自動的に閉鎖する防火ダンパーを貫通部に付けます。

7

防火

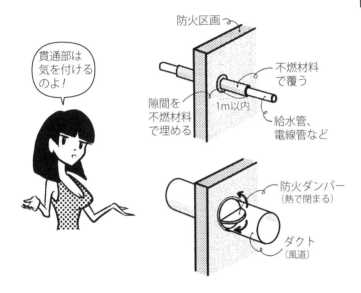

- 貫通部の隙間を埋めるのは令112・20、1mまでを覆うのは令129の2の4・1・七・イ、防火ダンパーは令112・21にあります。
- 平12建告1422に、貫通部に使用できる塩化ビニル管の太さの規定があります。

Q 映画館の客席は面積区画する?

▼

A 主要構造部が耐火構造の場合は、面積区画はしなくても可です。

劇場、映画館、体育館、工場などは、1000m²とか500m²で防火区画してしまうと、使い物になりません。そこで、用途上やむを得ないとして面積区画しなくても可とされています。

なんにも見えないぞ！

防火区画だから仕方ないな

ってことがないように、面積区画には緩和があるのよ

｛劇場、映画館、体育館、工場など主要構造部が耐火構造

● 令112・1のただし書きにあります。その他、階段室、昇降路なども面積区画しなくても可とされています。主要構造部が耐火構造でない場合や11階以上（高層区画）の場合は規定が異なるので、注意して下さい。

Q 1500m²、1000m²、500m²ごとの防火区画の面積を倍増させるには？

▼

A スプリンクラー消火設備、泡消火設備、水噴霧消火設備などを付けます。

🔲 面積区画、高層区画の緩和規定です。燃えにくいので、区画面積を倍に
してもよいということです。

防火区画
（面積区画、高層区画）

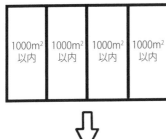

スプリンクラー
消火設備

泡
消火設備

水噴霧
消火設備

燃えにくい分、
区画面積を
広くしていいって
ことよ！

7

防火

- 令112・1のかっこ内に書かれていて、以下、この条において同じとあります。
  すなわち、面積での防火区画にすべて適用できるとされています。高層区画も、
  11階以上での面積区画です。
- 上記の消火設備を付け、かつ排煙設備を設けた部屋は、内装制限も適用されな
  くなります。

Q 屋外階段、屋内階段、エレベーターの防火区画は？

A 屋外階段は防火区画する必要はありませんが、屋内階段、エレベーター昇降路は竪穴区画をします。

屋外階段は竪穴にならないので、防火区画は不要です。屋内階段、エレベーター昇降路（かごが上下するための竪穴）は煙突状の竪穴になるので、竪穴区画をしないと非常に危険です。準耐火構造の床、壁で区画して、開口には常時閉鎖式または感知器連動閉鎖式防火設備を付けます。

竪の穴は
しっかりふさ
ぐんだぞ！

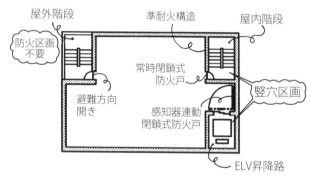

屋外階段　　準耐火構造　　屋内階段

防火区画不要

常時閉鎖式防火戸

竪穴区画

避難方向開き

感知器連動閉鎖式防火戸

ELV昇降路

• 令112・11〜15にあります。エレベーター昇降路については、日本建築行政会議による「昇降機の昇降路の防火区画について」に図入りで示されています。エレベーター出入り口（乗り場ドア）は遮炎、遮煙の両方の性能が必要で、感知器連動の防火戸などを設けなければならないケースもあります。

Q 防火区画（竪穴区画）しなくてもよい吹き抜けとは？

▼

A 避難階から直上階または直下階のみに通じる吹き抜けなどです。

▣ 階段室や吹き抜けなどの竪穴は、上下階へ火や煙が回らないように、煙突の役目をして燃え広がりやすくならないように防火区画するわけです。吹き抜けに関しては、避難階（外へ避難できる階で、主に1階）から上下への吹き抜けは、防火区画しなくても許されます。

竪穴区画しなくても
よい吹き抜け

避難階から
直上階への
吹き抜けはOK!

「吹き抜け＋オープンな階段」
はやってみたいデザイン
なんだけど…

避難階

避難階から
直下階への
吹き抜けはOK!

避難階

7

防火

● 階数が3以下で延べ面積が200m²以下の戸建て住宅の吹き抜け、共同住宅のメゾネット住戸で階数3以下、延べ面積が200m²以下の住戸の吹き抜けも防火区画は不要です。令112・11のただし書きの一、二にあります。

Q 3層以上の吹き抜けは可能?

A 感知器連動閉鎖式のシャッターや防火戸を付ければ可能です。

避難階から上下2層の吹き抜けのみ竪穴区画なしで可能で、それ以外は竪穴区画としなければなりません。3層以上の吹き抜けやオープンな階段をつくりたい場合は、感知器で自動的に閉鎖するシャッターなどを付けなければなりません。

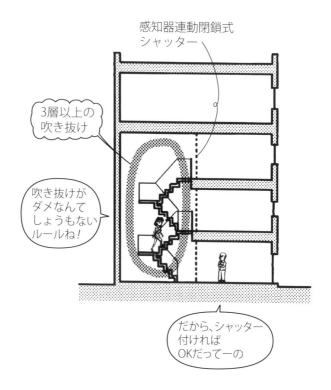

感知器連動閉鎖式
シャッター

3層以上の
吹き抜け

吹き抜けが
ダメなんて
しょうもない
ルールね!

だから、シャッター
付ければ
OKだってーの

● 商業施設で大きな吹き抜けにオープンな階段、エスカレーターがある場合は、吹き抜けの周囲に必ずシャッターが付けられています。そのような吹き抜けを見た場合は、天井のシャッターや柱のシャッター用レールを確認してみて下さい。吹き抜けの周囲のシャッターは、火事になるといっせいに閉まります。

Q 竪穴区画なしの3層吹き抜けや、竪穴区画なしの階段が可能な建築物は？

A 階数が3以下、延べ面積が200m²以下の戸建て住宅、長屋・共同住宅の<u>メゾネット住戸</u>です。

戸建て住宅では、階数が3以下で延べ面積が200m²以下という条件で、防火区画のない3層吹き抜けや階段が可能です。マンション（共同住宅）、テラスハウス（長屋）で3層分を1戸としたメゾネット住戸も同様の扱いとなります。小型の住宅の方が、吹き抜けとオープンな階段を使った空間構成が可能というわけです。

7

防火

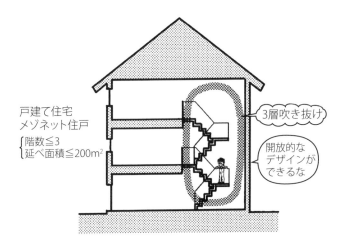

戸建て住宅
メゾネット住戸
{ 階数≦3
{ 延べ面積≦200m²

3層吹き抜け

開放的な
デザインが
できるな

• 令112・11のただし書きの二にあります。劇場、映画館などで用途上竪穴区画が難しい部分は、内装を下地、仕上げともに準不燃材料とすることで免除されます。

Q 異種用途区画が必要となる用途は？

A 劇場、映画館、マーケット、自動車車庫、共同住宅、病院、倉庫および（準）耐火建築物にすべき一定規模以上の特殊建築物などです。

駐車場のある建物の場合、駐車場とその他の部分を異種用途区画とすることが必要で、（1時間または45分間）準耐火構造の床、壁と（特定）防火設備で区画します。

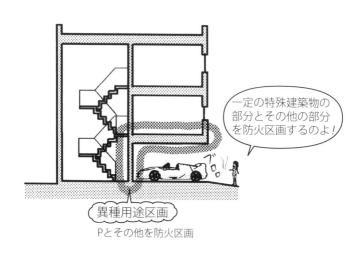

一定の特殊建築物の部分とその他の部分を防火区画するのよ！

異種用途区画
Pとその他を防火区画

● 耐火建築物などとすべき特殊建築物のリストである法27・1項、2項、3項の各号のいずれかに該当する場合は、異種用途区画が必要となります（令112・18）。

Q 防火壁とは？

A 大規模な木造で火事が広がらないように、1000m²以内ごとに入れる自立した耐火構造の壁です。

小学校などを木造でつくった場合、全焼を避けるために防火壁を入れます。火の回り込みを防ぐため、外壁や屋根から50cm以上突出させます。防火区画ではありませんが、趣旨は同じです。

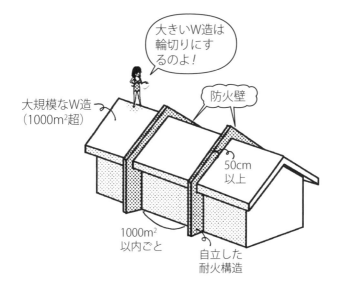

大きいW造は輪切りにするのよ！

大規模なW造（1000m²超）

防火壁

50cm以上

1000m²以内ごと

自立した耐火構造

• 法26、令113、令115の2にあります。防火壁のほかに防火床も使って、1000m²以内ごとに区画することができます（法26）。（準）耐火建築物の場合、卸売市場の上家、機械製作工場などで主要構造部が不燃材料でつくられた場合は、防火壁は不要です。

Q 界壁（かいへき）とは？

A 共同住宅、長屋の各戸を隔てる戸境の壁で、準耐火構造として小屋裏、天井裏に達するように設けなければなりません。

木造のアパート、長屋などでは、戸境の界壁がよく問題となります。基準法上の防火区画ではありませんが、一定以上の耐火の性能や遮音の性能が要求されます。界壁を天井で止めたら、天井裏から火や音が隣へと伝わってしまうので、小屋裏、天井裏に達せしめるとされています。

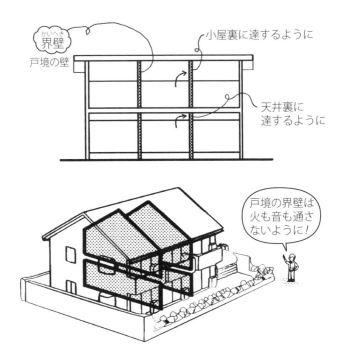

- 界壁については法30、構造は令114・1、遮音性能は令22の3にあります。
- 小屋裏直下の天井を強化天井にした場合、遮音のための界壁は強化天井で止めてもよいとされています（法30・2）。
- 学校、病院、診療所、児童福祉施設等、ホテル、旅館、下宿、寄宿舎、マーケットの防火上主要な間仕切りは、界壁と同様に準耐火構造として、小屋裏、天井裏に達せしめなければなりません（令114・2）。

Q 隔壁（かくへき）とは？

A 建築面積が300m²を超える木造の小屋組の小屋裏に、12m以内ごとに入れる準耐火構造の壁です。

大型の木造屋根を火災から守るための規定です。建築面積で規模を示しているのは、屋根面積がかかわるからです。防火壁、界壁、隔壁はいずれも基準法でいう防火区画ではありませんが、趣旨は同じなので一緒に用語を覚えてしまいましょう。

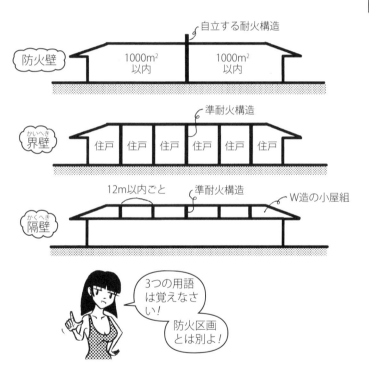

自立する耐火構造

防火壁　　1000m²以内　　1000m²以内

準耐火構造

界壁（かいへき）　住戸　住戸　住戸　住戸　住戸　住戸

12m以内ごと　　準耐火構造　　W造の小屋組

隔壁（かくへき）

3つの用語は覚えなさい！
防火区画とは別よ！

- 令114・3に「建築面積が300m²を超える建築物の小屋組が木造である場合においては、桁行き間隔12m以内ごとに小屋裏に準耐火構造の隔壁を設けなければならない」とあります。
- 隔壁は隔てる壁が原義です。日航機123便の墜落原因に、圧力隔壁の破損がありました。飛行機の隔壁は、機内の気圧と外部を隔てる機能をもっています。

7

防火

Q <u>内装制限を受ける部分は？</u>

▼

A 壁（高さ 1.2m まで受けない室もあり）、天井です。

内装制限は、内装の仕上げ材を燃えにくくするための規制です。火は下には燃え移りにくいので、床は免除されています。そのほか、細かい部材の幅木、回り縁、開口周りの枠も内装制限を受けません。

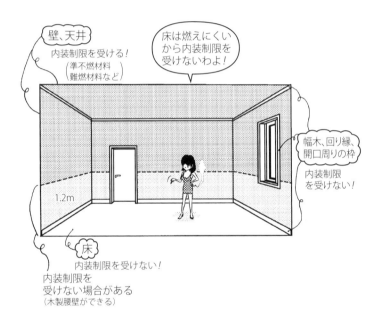

壁、天井
内装制限を受ける！
（準不燃材料
難燃材料など）

床は燃えにくいから内装制限を受けないわよ！

幅木、回り縁、開口周りの枠
内装制限を受けない！

1.2m

床
内装制限を受けない！
内装制限を受けない場合がある
（木製腰壁ができる）

• 法35の2で「政令に定めるものを除き」内装制限を受けるとあり、令128の4でその政令で定めるものとは「次に掲げる以外のもの」と記されています。二重否定で、令128の4に書かれたものが内装制限を受けるものになります。非常にややこしい記述のされ方です。令129には内装制限の内容が書かれています。

Q 規模によらず内装制限を受ける特殊建築物は？

A 自動車車庫、地階にある一定の特殊建築物の居室です。

特殊建築物は、用途、規模、（準）耐火建築物か否かなどで内装制限を受けるかどうかが分かれます。しかし、自動車車庫にはガソリンを積んだ車があり危険なので、規模によらず内装制限を受けます。また、地階にある法別表1の（い）欄（1）項、（2）項、（4）項の特殊建築物も、火災になると避難が遅れがちなので、規模によらず内装制限を受けます。

7

防火

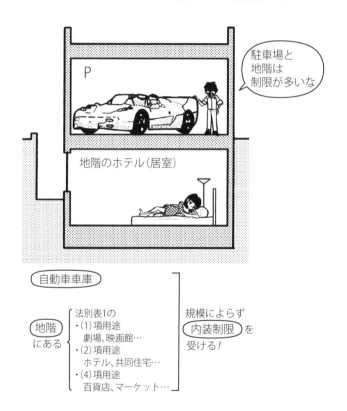

駐車場と地階は制限が多いな

P

地階のホテル（居室）

自動車車庫

地階
にある
法別表1の
・(1)項用途
　劇場、映画館…
・(2)項用途
　ホテル、共同住宅…
・(4)項用途
　百貨店、マーケット…

規模によらず
内装制限 を
受ける!

● 令128の4・1・二、三に記されています。

Q 内装制限が不要な特殊建築物は?

▼

A 学校、体育館、ボーリング場、スケート場、水泳場、スポーツ練習場です。

空間が大きいため、火災時の内装の影響が少なく、内装制限が緩和されています。

- 上記の建築は、令126の2・1・二で「学校等」と定義された特殊建築物です。
- スプリンクラー設備、水噴霧設備、泡消火設備で自動式のものを付け、かつ排煙設備を設けた建物は、どんな種類の部屋でも内装制限を受けません（令129・7）。

Q 内装制限を受けない<u>火気使用室</u>は？

▼

A 住宅の最上階にある火気使用室です。

調理室などで火を使用する室は、危険なので内装制限を受けて、準不燃材料などで仕上げなければなりません。例外は、火気使用室が住宅の最上階にある場合です。火は上へと移るので、最上階であれば燃え広がる階が上にはないため、規制をゆるくしているわけです。

7

防火

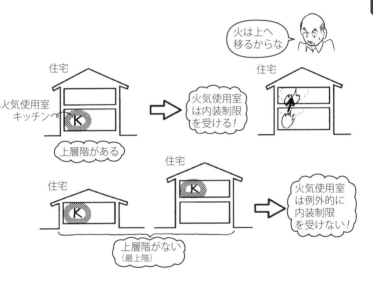

• 令128の4・4にあります。一部2階建てで平家の部分にキッチンがある場合、すなわちキッチンの上には階がない場合は、行政庁の判断によりますが、条文上は内装制限を受けません。IHヒーターを使用している場合は、火気使用室の扱いになりません。

Q ダイニングキッチンの内装制限は？

▼

A ダイニングキッチン全体が内装制限の対象ですが、2室の間に不燃材料で
つくられた天井から50cmの垂れ壁（たれかべ）があれば、キッチンだけ
が内装制限の対象になります。

一般にダイニングキッチンではダイニング部分も火気使用室になるので、
壁、天井は準不燃材料以上としなければなりません。ただし防煙垂れ壁を
付ければ、キッチン内の内装制限だけでOKです。

ダイニングは
内装制限不要！

不燃材料
の垂れ壁

キッチン
（火気使用室）

内装制限
（準不燃
材料以上）

50cm

木製でもOK！

垂れ壁をつくれば
ダイニングはフリーよ！

● 昭46住指発44にあります。また戸建て住宅で、コンロから一定距離の内装を「特
定不燃材料」でつくれば、ダイニングキッチン全体が内装制限を受けずにすみ
ます（平21国交告225）。

Q 住宅のキッチンには<u>火災報知器を付ける</u>？

▼

A 住宅のキッチン、寝室、階段などに火災報知器の設置が義務づけられる
傾向にあります。

🔲 火災報知器、消火器、防炎物品などは建築基準法ではなく、消防法、火
災予防条例などで定められています。

7

防火

消防庁登録番号
E- - /⑫
防　炎
□□□□□□□□□
財団法人 日本防炎協会

防炎物品
消防法で、一定の建物
で義務化（住宅は不要）

火災報知器
条例で、キッチン、寝室、
階段に義務化が多い

消防法も
忘れないでよ！

消火器
消防法では、一定の建物で
一定規模以上が義務化

● 消火器、防炎物品の使用は、消防法では不特定多数の利用する建物（防火対
象物）で、一定規模以上に義務づけられていて、住宅のキッチンへの設置義
務はありません。防火対象物の区分は消防法施行令別表1にあり、スプリンク
ラーなどの消防用設備が必要か否かは、消防法施行令の各条文に記されてい
ます。基準法の管轄は国土交通省、消防法の管轄は総務省消防庁になります。
実際の審査、検査等は消防署が行います。

Q 仕上げ、下地ともに不燃材料としなければならない場所は?

A 屋内避難階段の階段室、特別避難階段の階段室と付室（ふしつ）、非常用エレベーターの乗降ロビーです。

内装制限は仕上げ材だけ制限されるのが普通ですが、重要な避難経路となる部分は仕上げ、下地ともに不燃材料としなければなりません。

特別避難階段

避難階段

仕上げ、下地ともに不燃材料

付室

下地も燃えないようにね!

仕上げ、下地ともに不燃材料

非常用ELV

- 令123に避難階段、特別避難階段の仕上げなどがあります。
- 特別避難階段は避難階段をバージョンアップさせたもので、15階以上、地下3階以下の場合につくります。付室とは避難階段に入る前の小さな室で、煙や炎を階段室に入れない工夫です。非常用昇降機は火災時に消防隊が乗るためのエレベーターで、普段は別の目的にも使えます。

Q 住宅の階段、廊下の幅は？

A 階段の幅は<u>75cm</u>以上、廊下幅の規定はありません。

共同住宅の100m²を超える住戸がある階では、「共用廊下」の幅は両側
居室で1.6m、片側居室で1.2m以上とされています。

[スーパー記憶術]
名古屋階段

75cm

住宅の階段
の幅は有効で
75cm以上よ!

2階や地階で、
居室が一定面積以上や、
学校、映画館などは
もっと広いぞ!

75cm以上

8

避難

- 令23に階段の各寸法、令119に廊下幅があります。有効な幅（内法寸法：うち
のりすんぽう）で測ります。階段で手すりのある場合は、壁から10cmの出まで
はないものとみなします（令23・3）。
- 芯−芯で半間（909mm）の幅に、3寸5分（105mm）角の柱を立てた場合、そ
の内側にボードを張ると内法は750mm強となります。

Q 住宅の階段の<u>蹴上げ</u>、<u>踏み面</u>（ふみづら）は？

▼

A 蹴上げ**23cm以下**、踏み面**15cm以上**です。

下図のように、踏み面は蹴込み（けこみ）を除いた寸法なので、注意して下さい。階段部分の手すりは、段の鼻先（<u>段鼻</u>：だんばな）から約**75cm**の高さとするのが一般的です（R245参照）。

［スーパー記憶術］
<u>兄さん</u>、<u>行こう</u>！　<u>名古屋</u>の階段へ
　23cm　　15cm　　　75cm

住宅では
蹴上げ23cm以下
踏み面15cm以上よ

蹴込みは
踏み面に
入れない！

踏み面
蹴上げ
蹴込み

踏み面
蹴上げ
蹴込み

● 住宅以外の階段の諸寸法は、令23の表に書かれています。告示（平26国交告709、平29国交告868）により、小学校児童用、寄宿舎等において、寸法の緩和が受けられます。

Q 回り階段の踏み面はどこで測る?

A 内側(狭い方)の端から**30cm**の位置で測ります。

開く角度が小さいと、**30cm**の所で決められた踏み面寸法がとれないこともあります。その場合は内側の端部で幅をとって、**30cm**の所での踏み面を大きくします。

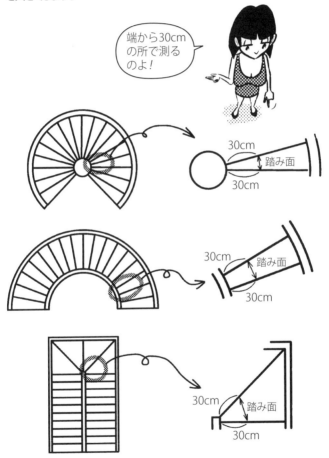

端から30cm
の所で測る
のよ!

8
避難

30cm
踏み面
30cm

30cm
踏み面
30cm

30cm
踏み面
30cm

• 令23・2に「回り階段の部分における踏面の寸法は、踏面の狭い方の端から30cmの位置において測るものとする」とあります。

Q バルコニー、吹き抜けに掛かる床の手すりの高さ、階段の手すりの高さは?

A バルコニー、吹き抜けに掛かる床の手すりの高さは110cm以上、階段の手すりの高さの規定はありません。

階段の手すりは一般には、段の鼻先(段鼻:だんばな)から75〜80cm程度とします。階段の踊り場の手すりは、ベランダと同様に110cm以上とします。

[スーパー記憶術]
手すりがなくて110番!
　　　　　　　110cm

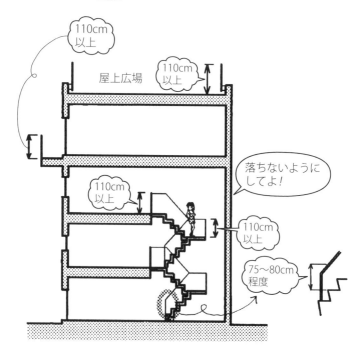

- 令126・1に「屋上広場又は2階以上の階にあるバルコニーその他これに類するものの周囲には、安全上必要な高さが1.1m以上の手すり壁、さく又は金網を設けなければならない」とあります。吹き抜けに掛かる床、階段の踊り場、窓に付ける手すりなどはその規定を準用しています。
- 階段の両側には、側壁または手すりがなければなりません(令25・2)。

Q 直通階段とは？

A 避難階（地上階）まで途切れることなく続く階段です。

階段から次の階段まで水平にだいぶ歩くようでは、直通階段にはなりません。階段と階段の接続部分の手すりが連続している場合は、直通階段と認められることもあります。

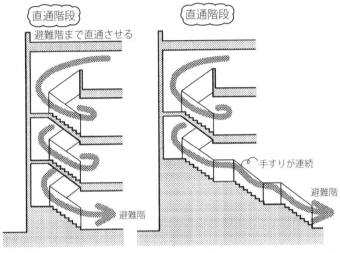

直通階段　　　　　　　　　　　　　　直通階段

避難階まで直通させる

手すりが連続

避難階

避難階

・法別表1(1)～(4)の特殊建築物
・階数3以上の建築物
・無窓居室
・延べ面積1000m²超の建築物

手すりが連続
しているから
許してやるよ！

8
避難

● 令117に直通階段を設置すべき建築物、令120に直通階段までの歩行距離が定められています。
● 階段には一般構造としての規定（令23～27）と、避難施設としての規定（令120～124）があります。避難施設としての規定の適用を受けるのは、法別表1の（い）欄（1）～（4）項までの特殊建築物、および階数が3以上の建築物などです（令117）。

Q 直通階段への歩行距離はどうやって測る？

A 居室内でもっとも遠い地点から直線で測ります。

建築物の種類、内装が不燃材料か否かなどで、直通階段への歩行距離は30m以下などと決められています。その場合は、もっとも遠い地点から30m以下で直通階段に到達できなければなりません。

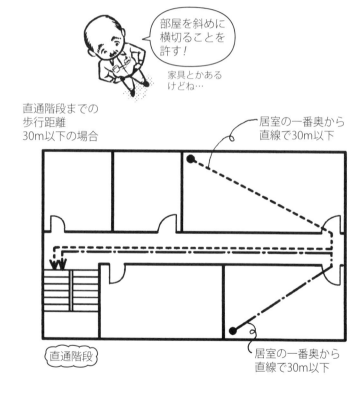

部屋を斜めに
横切ることを
許す！

家具とかある
けどね…

直通階段までの
歩行距離
30m以下の場合

居室の一番奥から
直線で30m以下

直通階段

居室の一番奥から
直線で30m以下

● 令120・1に歩行距離の表があります。15階以上では階段までの歩行距離は10m少ない20m以下で、より厳しく設定されています（令120・3）。

Q 2以上の直通階段が必要な建築物は？

A 不特定多数が集まったり宿泊したりする大型の建築物、および高層の建築物です。

 すべての劇場、映画館で2以上必要です。物品販売業の店舗、病院、ホテル、共同住宅などは一定規模を超えると2以上必要。6階以上では2以上必要、5階以下では一定規模を超えると2以上必要となります。

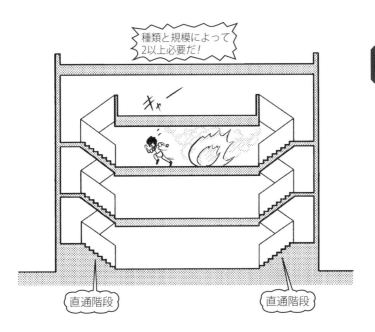

種類と規模によって
2以上必要だ！

キャー

直通階段　　　　　　　　　　　　　　直通階段

8
避難

- 令121に2以上の直通階段が必要な建築物がリストアップされています。劇場・映画館、1500m²超の物品販売業の店舗、50m²超の病室のある病院、100m²超の宿泊室のあるホテル、100m²超の居室のある共同住宅、居室のある6階以上の建築物などは、2以上の直通階段が必要です。主要構造部が準耐火構造や不燃材料の場合、その面積は2倍に緩和されます。
- 6階以上でも、避難上有効なバルコニーなどがある場合はひとつでも可です（令121・1・六・イ）。

Q 2つの階段への経路で、<u>歩行距離の重複区間の長さが歩行距離の1/2以下とされている</u>のはなぜ？

A 2つの直通階段をなるべく離し、<u>2方向避難</u>を実現するためです。

たとえば歩行距離が30mの場合、2つの直通階段への経路で、重複区間が15mを超えてはいけません。直通階段どうしを離して、2方向への避難ができるようにし、左に逃げても右に逃げても助かるようにするためです。

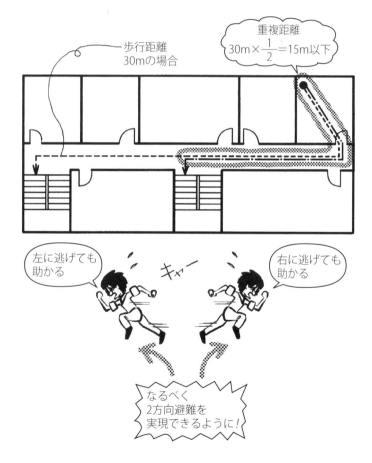

歩行距離
30mの場合

重複距離
$30m \times \dfrac{1}{2} = 15m$以下

左に逃げても
助かる

キャー

右に逃げても
助かる

なるべく
2方向避難を
実現できるように！

● 令121・3にあります。

Q 2、3階部分を使ったメゾネット住戸の場合の、直通階段までの歩行距離はどうやって測る？

A 出入り口のある階からもっとも遠い居室から直線で測ります。

主要構造部が準耐火構造で、出入り口のある階の直通階段まで、もっとも遠い居室の部分から40mで行ける場合は、その他の階では直通階段に通じていなくてもOKとされています。

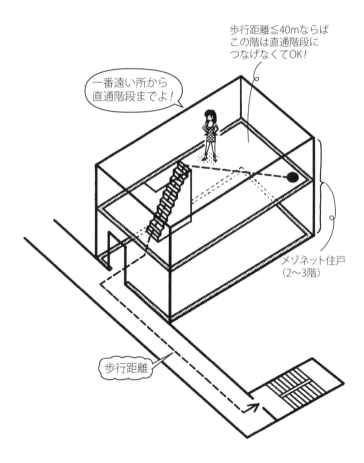

歩行距離≦40mならば
この階は直通階段に
つなげなくてOK!

一番遠い所から
直通階段までよ!

メゾネット住戸
（2～3階）

歩行距離

8

避難

● 令120・4にあります。

Q 避難上有効なバルコニーとは？

A 下図のような、避難ハッチなどを付けた直通階段と同等の安全性をもつバルコニーです。

2以上の直通階段が必要な建物で、一方を避難上有効なバルコニーとすることで、直通階段がひとつですむ場合もあります。

避難上有効なバルコニー

破壊可能な板

ボワッ

(準)耐火構造の床

キャー

これを付ければ階段がひとつですむこともあるのよ！

避難ハッチ

安全に降りられるように互い違いに配置する

● 令121・1・六に避難上有効なバルコニーという用語は出てきますが、その具体的な基準については書かれていません。日本建築行政会議（JCBA）による「建築物の防火避難規定の解説」に書かれています。

Q 直通階段を避難階段、特別避難階段とすべき場合とは?

A 直通階段が一定階数以上に通じる場合に、避難階段、特別避難階段とします。

5階以上、地下2階以下に通じる場合は避難階段、15階以上、地下3階以下に通じる場合は特別避難階段とします。避難階から遠くなるほど避難に時間がかかるので、階段の仕様に対する規制も厳しくなります。

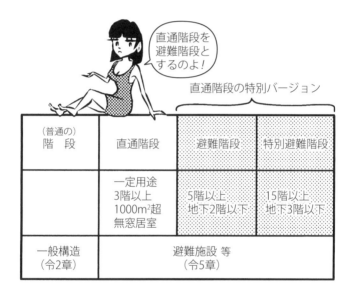

直通階段を避難階段とするのよ!

8
避難

| | | 直通階段の特別バージョン | |
(普通の) 階　段	直通階段	避難階段	特別避難階段
	一定用途 3階以上 1000m²超 無窓居室	5階以上 地下2階以下	15階以上 地下3階以下
一般構造 (令2章)	避難施設 等 (令5章)		

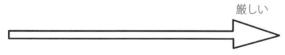

厳しい

- 上記は令122の規定です。1500m²を超える物品販売業の店舗の場合はさらに厳しい規定があります(令122・2、令122・3)。1500m²を超えるものという記述は令121・1・二にあります。
- 一般の階段は令2章の「一般構造」、直通階段、(特別)避難階段は令5章の「避難施設等」で扱われています。ここで一般構造とは、構造強度の構造ではなく、開口部、換気設備、天井・床の高さ、遮音、階段、便所などを総称しています。

Q 避難階段はどんな構造？

A 下図のように、階段、壁は耐火構造、内装は仕上げ、下地ともに不燃材料、出入り口の戸は防火設備、窓または予備電源付きの照明が付けられた直通階段です。

避難階段には、屋内と屋外があります。耐火構造、不燃材料、防火設備、予備電源付き照明など、火事に強い構造です。

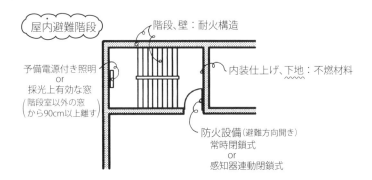

屋内避難階段

階段、壁：耐火構造

予備電源付き照明
or
採光上有効な窓
（階段室以外の窓
から90cm以上離す）

内装仕上げ、下地：不燃材料

防火設備（避難方向開き）
常時閉鎖式
or
感知器連動閉鎖式

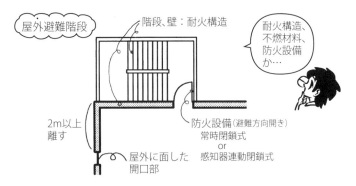

屋外避難階段

階段、壁：耐火構造

耐火構造、
不燃材料、
防火設備
か…

2m以上
離す

防火設備（避難方向開き）
常時閉鎖式
or
感知器連動閉鎖式

屋外に面した
開口部

• 屋内避難階段の構造は令123・1、屋外避難階段の構造は令123・2に、出入り口の戸は、防火区画の条文、令112・19にあります。

Q 特別避難階段はどんな構造？

▼

A 下図のように、屋内避難階段に付室を付けて炎や煙が階段室に入りにくいようにした直通階段です。

特別避難階段は屋外にはありません。ただし、付室だけを屋外にしてバルコニーにすることも可能です。付室へのドアは特定防火設備です。付室には外部に向かって開く窓か排煙設備を付けて、煙を外に逃がす工夫が必要です。

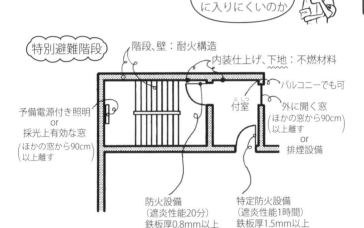

付室があると
火や煙が階段室
に入りにくいのか

8
避難

特別避難階段

階段、壁：耐火構造

内装仕上げ、下地：不燃材料

バルコニーでも可

付室

予備電源付き照明
or
採光上有効な窓
(ほかの窓から90cm
以上離す)

外に開く窓
(ほかの窓から90cm
以上離す)
or
排煙設備

防火設備
(遮炎性能20分)
鉄板厚0.8mm以上

特定防火設備
(遮炎性能1時間)
鉄板厚1.5mm以上

常時閉鎖式
or
感知器連動閉鎖式

● 令123・3にあります。

Q デパートやスーパーの避難階段に幅の規定はある？

▼

A 下図のように、床面積の合計が1500m²を超える物品販売業の店舗の場合は、幅の合計が床面積100m²につき何cm以上などと決められています。

💠 デパートやスーパーなどの大型物販店では、階段幅を広くとるように数値が決められています。避難階段の幅以外に、避難階段への出入り口の幅、屋外への出入り口の幅も同様に決められています。

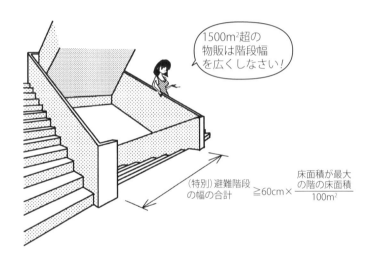

1500m²超の
物販は階段幅
を広くしなさい！

(特別)避難階段
の幅の合計　　≧60cm× $\dfrac{\text{床面積が最大}}{100\text{m}^2}$

• 大型物販店は、多数の人が集まるうえに多くの物品が並べられていて避難が難しく、火災が起きると被害が大きくなる傾向があります。過去には千日デパート火災（1972年、死者118名）、大洋デパート火災（1973年、死者103名）で多くの死者が出ました。1500m²を超えるという記述は、令121・1・二にあります。令124が（特別）避難階段の幅、令125が屋外への出口の幅です。

Q 法別表1の（い）欄（1）〜（4）項用途の特殊建築物、階数3以上の建築物、延べ面積が1000m²を超える建築物などの屋外への出口、屋外避難階段から道路、空地に通じる敷地内通路の幅は？

▼

A 1.5m以上必要です。

🧊 出口や屋外避難階段から道路へ出る通路が狭かったら、避難がスムーズにできません。そこで、1.5m以上必要とされています。

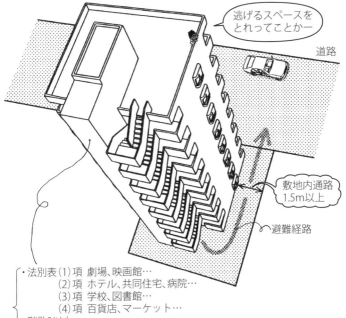

逃げるスペースをとれってことかー

道路

8
避難

敷地内通路
1.5m以上

避難経路

・法別表（1）項 劇場、映画館…
　　　　　（2）項 ホテル、共同住宅、病院…
　　　　　（3）項 学校、図書館…
　　　　　（4）項 百貨店、マーケット…
・階数3以上
・延べ面積1000m²超
・無窓居室を有する

● ピロティを敷地内通路とすることも可。ピロティ内に駐輪場を設けても、1.5m幅以上の通路ができればOK。

● 令127に適用範囲、令128に敷地内通路の幅の規定があります。条例でさらに広い敷地内通路を義務づけている地域もあります。

Q 排煙設備とは？

A 下図のように、天井や壁上部に設ける手動か煙感知器連動で開く開口部で、外気かダクトに火災の煙を逃がす装置です。

排煙口は天井から**80cm以内**で、**80cm**よりも下の開口は無効となります。煙は上に上がるため、天井付近で外に逃がさなければならないためです。窓を開けて煙を外に出すのが<u>自然排煙</u>、機械で煙を強制的に出すのが<u>機械排煙</u>です。

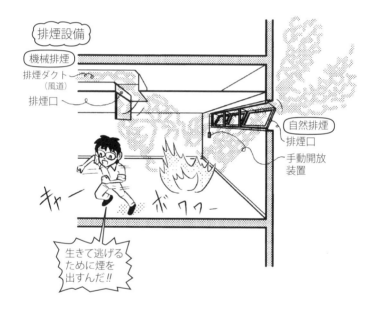

排煙設備

機械排煙
排煙ダクト（風道）
排煙口

自然排煙
排煙口
手動開放装置

キャー　ボワワー

生きて逃げるために煙を出すんだ!!

• 令126の2に排煙設備を付けるべき建物、令126の3に排煙設備の構造があります。

Q <u>自然排煙設備の排煙口の面積の規定は？</u>

A 排煙区画された床面積の<u>1/50</u>以上としなければなりません。

◆ 天井から<u>80cm</u>の高さから上が、排煙上有効な部分の面積（<u>排煙面積</u>）です。
天井から80cmまでで計算します。部屋内の垂れ壁がそれよりも上ならば、
垂れ壁の下端から上で計算します。

[スーパー記憶術]
煙は<u>GO</u>！　<u>GO</u>！　出て行け！
　　1/50

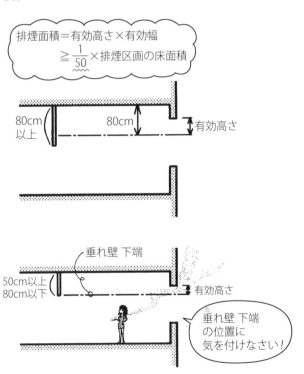

排煙面積＝有効高さ×有効幅
$$\geq \frac{1}{50} \times 排煙区画の床面積$$

80cm
以上　　80cm　　有効高さ

垂れ壁 下端

50cm以上
80cm以下　　　　有効高さ

垂れ壁 下端
の位置に
気を付けなさい！

8
避難

- 令126の3・1・ハにあります。排煙口が全開できない場合は、回転角度に応じ
た計算式が用意されています。
- 排煙口には、手動開放装置を付けなければなりません（令126の3・1・四）。

Q 共同住宅の住戸、ホテル、病院で排煙設備の取り付けを免除されるのは?

A 共同住宅の住戸では<u>200㎡</u>、ホテル、病院では<u>100㎡</u>ごとに防火区画されている場合です。

法別表1の（い）欄（2）項用途の建築物に適用されます。100㎡（200㎡）ごとに防火区画されていれば、防煙区画も同時にされていて、火災の広がりも遅くなるなどの理由から排煙設備は不要です。

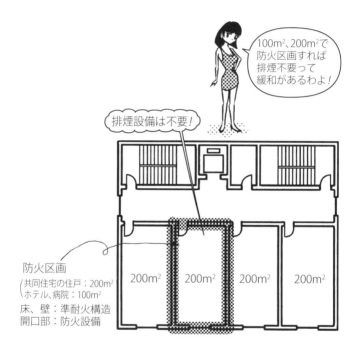

100㎡、200㎡で
防火区画すれば
排煙不要って
緩和があるわよ!

排煙設備は不要!

防火区画
(共同住宅の住戸：200㎡)
(ホテル、病院：100㎡)
床、壁：準耐火構造
開口部：防火設備

200㎡　200㎡　200㎡　200㎡

- 学校、体育館、ボーリング場など（学校等）、階段、エレベーターシャフトには排煙設備は不要です。幼稚園（学校）は不要、保育園は必要となると、幼稚園から幼保連携型認定こども園に用途変更しづらくなります。そこで条件付きでその用途変更での排煙設備設置に緩和規定があります（住指発4784）。
- 令126の2·1·一にあります。準耐火構造の床、壁と防火設備での防火区画です。

Q 防煙壁とは？

A 下図のような煙の流れを妨げる、不燃材料でつくられ、または覆われた間仕切り壁、天井から**50cm以上**下がった垂れ壁のことです。

商業施設では、ガラス（不燃材料）の垂れ壁による防煙壁（防煙垂れ壁）をよく見かけます。

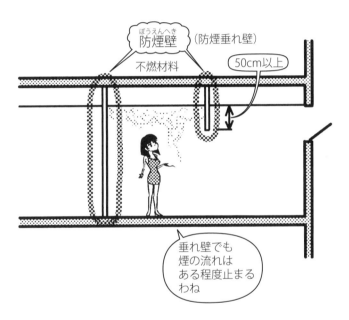

ぼうえんへき
防煙壁 （防煙垂れ壁）

不燃材料

50cm以上

垂れ壁でも煙の流れはある程度止まるわね

8
避難

● 令126の2本文に防煙壁の定義があります。

Q デパートなどで防煙垂れ壁をあちこちにつくるのは？

▼

A 床面積500m²以内ごとに、防煙壁で防煙区画しなければならないからです。

🧊 防火区画とは別に、防煙区画が必要となります。広い床面積を壁で区画したくない場合は、ガラスでできた防煙垂れ壁で処理します。

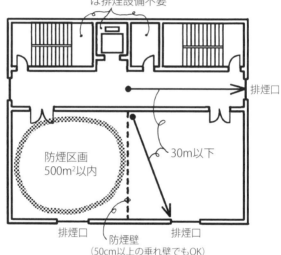

階段、ELV昇降路、
倉庫（主要構造部が不燃材料）
は排煙設備不要

排煙口

防煙区画
500m²以内

30m以下

排煙口　防煙壁
（50cm以上の垂れ壁でもOK）

排煙口

ガラスの防煙
垂れ壁

このガラスって
防煙壁なのかー

- 令126の3・1・一に500m²以内防煙区画の規定があります。防煙区画の各部分から排煙口までの水平距離は30m以下でなければなりません（令126の3・1・三）。
- 防火区画の壁も、不燃材料でできていれば防煙壁となります。

Q 非常用の照明装置（非常照明）とは？

A 停電時に予備電源で自動的に点灯する照明です。

床面で1lx（ルクス）以上の明るさの白熱灯（蛍光灯、LEDは2lx以上）で、30分以上点灯する照明です。

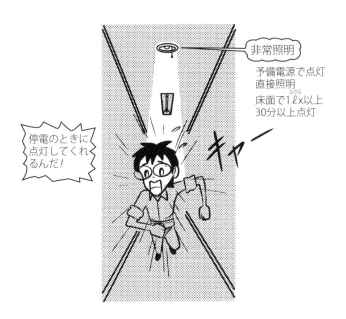

非常照明

予備電源で点灯
直接照明
床面で1ℓx以上
30分以上点灯

停電のときに点灯してくれるんだ！

キャー

8

避難

- 令126の5、昭45建告1830に非常用の照明装置の構造があります。間接照明ではなく直接照明とし、照明器具の主要部分は不燃材料でつくり、または覆われていなければなりません。
- 間接照明は、壁や天井に光を当てて、その反射で光を拡散させる方式の照明です。直接照明は、文字どおり電球から直接室内に光を出す一般的な方式の照明です。

Q 非常用の照明装置が不要な居室、建築物は?

A （戸建て）住宅、共同住宅の住戸、病院の病室、学校、体育館、ボーリング場、スケート場、水泳場などです。

共同住宅の屋内にある共用廊下、共用階段には、非常用照明装置を付けなければなりません。

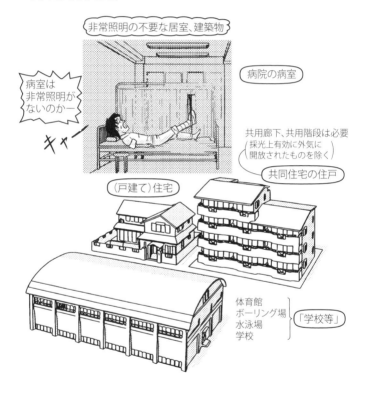

非常照明の不要な居室、建築物

病室は非常照明がないのかー

キャー

病院の病室

共用廊下、共用階段は必要
（採光上有効に外気に開放されたものを除く）

共同住宅の住戸

（戸建て）住宅

体育館
ボーリング場
水泳場
学校
　　　「学校等」

- 法別表1の（い）欄（1）～（4）項用途の特殊建築物には非常照明が必要ですが、上記に該当すれば不要となります。そのほかに階数3以上かつ500m²超の建築物、無窓居室、1000m²超の居室にも非常照明が必要です（令126の4）。
- 学校、体育館、ボーリング場、スケート場、水泳場、スポーツの練習場は「学校等」と令126の2・1・二に定義されています。
- 居室が小規模で屋外出口までの歩行距離が短く、照度の確保された廊下に直接つながっている場合も、非常照明は不要です（平12建告1411）。

Q 非常用進入口とは？

A 下図のような、火事などの非常時に消防隊が外から進入するための入り口です。

◆ 3階以上31m以下の部分に、道路や空地に面する外壁40m以内ごとに、非常用進入口をつくります。3階以上としたのは2階は1階から進入しやすいため、31m以下としたのは消防車のはしごが届く範囲に設定したためです。

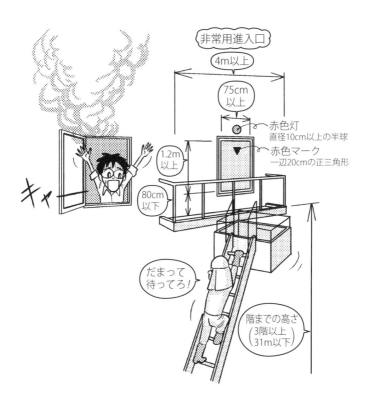

非常用進入口

4m以上

75cm以上

赤色灯
直径10cm以上の半球

赤色マーク
一辺20cmの正三角形

1.2m以上

80cm以下

だまって待ってろ！

階までの高さ
（3階以上
31m以下）

- 令126の6に非常用進入口を設置すべき部分、令126の7、昭45建告1831にその構造が記されています。
- 非常用進入口の中心間距離が40m以下の所に設置します。
- 共同住宅のバルコニーは、非常用進入口の代わりとして認められ、ほかの壁には非常用進入口は付けなくてよいとされています（昭46住建発85）。

Q 代替進入口（代用進入口）とは？

A 下図のような、非常用進入口の代わりとなる進入口のことです。

開口部の大きさは、非常用進入口と同じ幅 **75cm 以上×高さ1.2m 以上**か、直径 **1m 以上**の円が入る大きさです。外壁面に **10m 以内**ごとに設けます。簡易な設備ですむので、代替進入口を付けることが多いです。

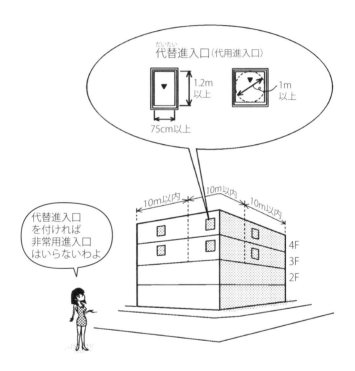

代替進入口（代用進入口）

1.2m 以上

75cm 以上

1m 以上

代替進入口を付ければ非常用進入口はいらないわよ

10m以内　10m以内　10m以内

4F

3F

2F

- 令126の6・二に代替進入口の構造が記されています。「代替進入口」は法文にはありませんが、一般にも通用します。「代用進入口」とも呼ばれます。
- ガラスの一部を壊して、そこから手を入れてクレセント錠を解錠できるなどでも、代替進入口と認められます（昭46住指発905）。ガラスでなくとも規定の大きさ以上を開けることができる開口部ならばOKです。

Q 非常用昇降機（エレベーター）とは？

A 消防隊が火災時に使用するためのエレベーターです。

31mを超える階では、非常用エレベーターの設置が義務となります。31m
以下で非常用エレベーターを付ければ消防隊がそれを使って突入できるの
で、非常用進入口、代替進入口は不要となります。設置台数は、床面積
によって決められています（令129の13の3・2）。

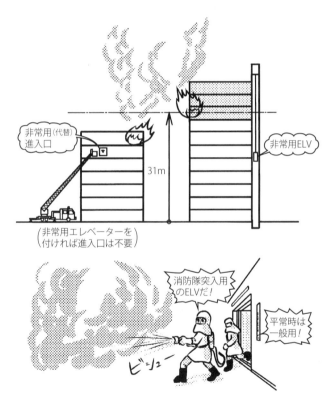

非常用(代替)
進入口

非常用ELV

31m

（非常用エレベーターを
付ければ進入口は不要）

消防隊突入用
のELVだ！

平常時は
一般用！

ビシュー

- 法34・2にあります。31mは約100尺からきていて、法律制定時では消防車の
はしごが届かない高さとされていました。非常用エレベーターは平常時には、
一般用として使ってもかまいません。
- 各階の床面積が500㎡以下の場合などでは、31mを超えても非常用エレベーター
は付けなくても可とされています（令129の13の2・二）。

8
避難

Q 非常用昇降機の<u>乗降ロビー</u>の基準は?

A 下図のように、耐火構造の床・壁で囲む、内装の下地・仕上げを不燃材料でつくる、出入り口には特定防火設備を付ける、予備電源付き照明設備を付けるなどの基準があります。

 火災時に使うわけですから、非常用エレベーター自体の基準以外に、乗降ロビーにも厳しい基準があります。

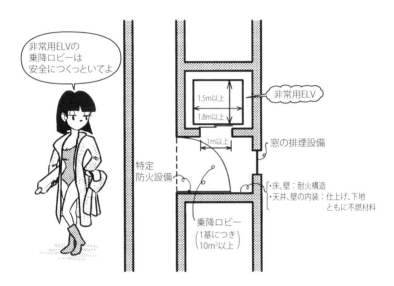

非常用ELVの乗降ロビーは安全につくっといてよ

1.5m以上
1.8m以上

非常用ELV

1m以上

窓の排煙設備

特定防火設備

・床、壁:耐火構造
・天井、壁の内装:仕上げ、下地
　　　　　　　　　ともに不燃材料

乗降ロビー
(1基につき
10m²以上)

● 非常用エレベーターの構造基準は、令129の13の3にあります。

Q 仕様規定と性能規定とは？

A 具体的な材料名、寸法などが定められたものが仕様規定、必要な性能が
定められたものが性能規定です。

たとえば、石膏ボード厚さ15mm以上と定めたものが仕様規定、耐火時
間45分以上と定めたものが性能規定です。

性能規定が
増えてるわよ！

シルク厚0.3mm以下
↓
仕様規定

透明度50%以上
↓
性能規定

石膏ボード
厚15mm以上
仕様規定
（具体的な材料名、寸法などを決める）

ボワワ

耐火時間45分以上
性能規定
（性能、能力、効率などを定める）

8
避難

• 性能規定が多く定められるようになってきました。設計側の自由度、責任が大き
くなる傾向にあります。

Q 避難安全検証法とは？

▼

A 煙が下りてくるまでに安全に避難できるか否かを検証する性能規定です。

この性能規定に適合すれば、避難施設、防火区画などの仕様規定が一部適用除外になります。避難安全検証法には、居室や各階における避難を検証する階避難安全検証法と、建築物全体における避難を検証する全館避難安全検証法があります。

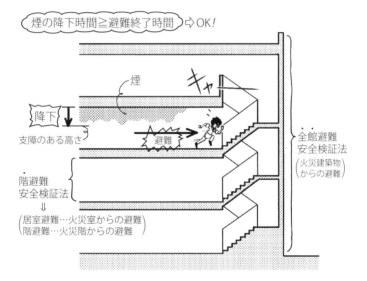

煙の降下時間≧避難終了時間 ⇨OK！

煙

降下
支障のある高さ

避難

キャ

全館避難
安全検証法
(火災建築物)
からの避難

階避難
安全検証法
⇓
(居室避難…火災室からの避難)
(階避難…火災階からの避難)

● 階避難安全検証法による適用除外は令129、階避難安全検証法は平12建告1441、全館避難安全検証法による適用除外は令129の2、全館避難安全検証法は平12建告1442にあります。

Q 居室とは?

A 居住、執務、作業などのために継続的に使用する部屋のことです。

住宅で、居間、寝室は居室。キッチンは、たまに調理するだけなので居室ではありません。仕切られていないダイニングキッチンのキッチンは、居室となります。レストランのキッチンは、継続的に調理という作業をするので居室になります。トイレ、風呂、洗面所、脱衣室、廊下、階段、納戸は、継続的に使用する部屋ではないので居室ではありません。

住宅の独立したキッチンはたまにしか調理しないから居室ではないよ

ダイニングと扉で区切られていないキッチンは居室!

居室ではない!

居室ではない!

トイレ、洗面所、バスルームは一時的使用だから「居室」じゃないわよ!

9
居室

• 法2・四に「居住、執務、作業、集会、娯楽その他これらに類する目的のために継続的に使用する室をいう」とあります。

Q 住宅の居室で必要な採光面積は?

A 居室の面積の**1/7以上**です。

居室に太陽の光が入らないのは不健全なので、窓の面積に基準が設けられています。住宅の居室、病院・診療所の病室では部屋面積の1/7以上、学校の教室では1/5以上、病院・診療所の入院患者用の談話室・娯楽室では1/10以上となっています。

[スーパー記憶術]
窓の<u>ない</u>部屋は許されない
　　　<u>7分の1</u>
教室の<u>恋</u>は窓ぎわで
　　　<u>5分の1</u>

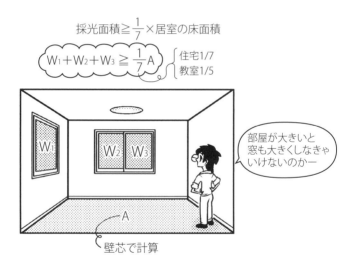

採光面積 ≧ $\dfrac{1}{7}$ × 居室の床面積

$$W_1 + W_2 + W_3 \geqq \dfrac{1}{7}A$$ 住宅1/7 教室1/5

部屋が大きいと窓も大きくしなきゃいけないのかー

A

壁芯で計算

● 法28・1、令19・3に採光面積の割合があります。
● 実際はW_1、W_2、W_3に採光補正係数を掛けて有効採光面積を計算します(R273)。

Q 採光面積の計算時に、ふすま、障子などで随時開放できるもので仕切られた2室の場合の床面積は?

A 2室を1室とした床面積で計算します。

マンションで居間の奥に和室があるタイプでは、居間と和室を一体として採光計算します。さもないと、奥の和室は<u>無窓居室</u>となってしまいます。

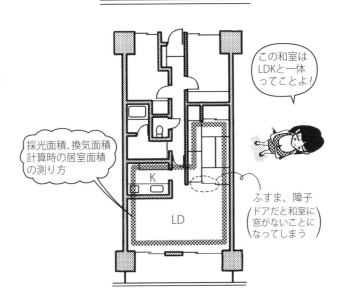

この和室は
LDKと一体
ってことよ!

9
居室

採光面積、換気面積
計算時の居室面積
の測り方

ふすま、障子
(ドアだと和室に
窓がないことに
なってしまう)

K

LD

● 換気面積の計算時にも、この方法は使えます。法28・4にあります。
● 保育所の採光計算でも、特定行政庁の判断という条件付きで、奥にある部屋と一室として扱えます。

Q 窓の面積が採光面積になる？

▼

A 下図のように、隣地境界からの離れ具合などによって、窓の面積を補正して有効採光面積とします。

窓のすぐ先に隣地の建物が建っていたら、太陽光は入ってきません。窓の面積がすべて有効とは限りません。窓の面積から有効な採光面積を計算するのに、採光補正係数が用意されています。窓の面積に採光補正係数を掛けて有効な採光面積を出します。

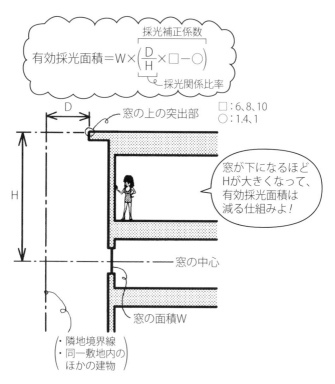

有効採光面積＝W×（D/H×□−○）

採光補正係数
採光関係比率

□：6、8、10
○：1.4、1

D
窓の上の突出部

H

窓が下になるほど
Hが大きくなって、
有効採光面積は
減る仕組みよ！

窓の中心

窓の面積W

・隣地境界線
・同一敷地内の
　ほかの建物

- 採光補正係数はD/H×□−○で、□と○は用途地域で決まり、住居系では6と1.4です（令20）。D/Hは採光関係比率と呼ばれています。H/Dとする間違いが多いので、Hが分母、「Hは下半身」と覚えてしまいましょう。

- □と○の数値は用途地域で決まりますが、住居系なのに商業系のような建て込んだ場所があります。そこで特定行政庁が指定した区域に限り、ほかの用途地域の数値が使えます。

Q 窓の上の突出部がいくつもあって、D/Hが複数ある場合、どれでD/Hを計算する？

▼

A もっとも小さい、厳しいD/Hで計算します。

🟦 もっとも小さい、もっとも厳しい値のD/Hとは、下図のように斜線にしたときの傾きがもっとも大きいD/Hの値ということです。この斜線を採光斜線と呼ぶこともあります。

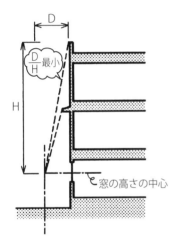
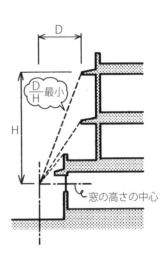

9
居室

- 令20・2・一には「開口部の直上にある建築物の各部分からその部分の面する隣地境界線（中略）までの水平距離を、その部分から開口部の中心までの垂直距離で除した数値のうちのもっとも小さい数値」と書かれています。窓上部の建築物の部分すべてでD/Hを測り、その中で一番小さな値ということです。通常は軒、ひさしなどの突出部先端、パラペット上端などで、D/Hが最小となります。D/Hが最小とは、採光斜線の傾きがもっとも急な値を採用するということです。

Q 道路、公園に面する場合、水平距離Dの測り方は？

▼

A 道路の反対側の道路境界まで、公園は幅の<u>1/2</u>の位置までで測ります。

窓の前に道路や公園があれば、光は入りやすくなります。道路は全幅、公園は半分の幅だけDに入れることができます。

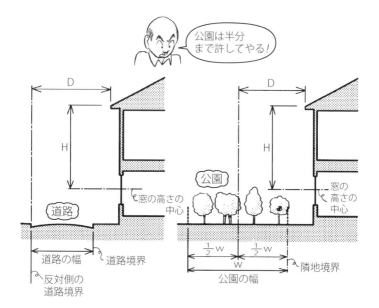

- 令20・2・一にあります。
- 道路に面する場合、採光補正係数を計算して1未満となった場合は1にしてよいとされています。

Q 窓の上の突出部がガラスなどの透明や半透明なものでできている場合、採光補正係数の D はどこから測る?

▼

A 下図右のように、ガラスはないものとして D を測ることができます。

下の方の階で、有効採光面積が足りなくなることがあります。そんなときに最上階のひさしをガラスにして D を大きくし、有効採光面積を増やすことがあります。

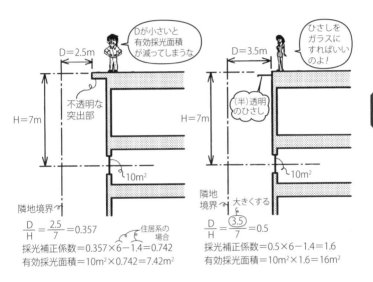

Dが小さいと有効採光面積が減ってしまうな

ひさしをガラスにすればいいのよ!

D=2.5m

不透明な突出部

H=7m

10m²

隣地境界

$\dfrac{D}{H} = \dfrac{2.5}{7} = 0.357$

採光補正係数=0.357×6−1.4=0.742
有効採光面積=10m²×0.742=7.42m²

住居系の場合

D=3.5m

(半)透明のひさし

H=7m

10m²

隣地境界　大きくする

$\dfrac{D}{H} = \dfrac{3.5}{7} = 0.5$

採光補正係数=0.5×6−1.4=1.6
有効採光面積=10m²×1.6=16m²

9
居室

● 前面道路の場合、D は突出部から反対側の道路境界までです(R275 参照)。

Q 天窓（トップライト）、縁側（幅90cm以上）がある場合の採光補正係数は?

▼

A 採光補正係数の計算値に、天窓の場合は <u>3</u> を掛け、縁側の場合は <u>7/10</u> を掛けます。

💠 天窓は上から光を入れるので、効果は約3倍とされています。居室の前に
縁側がある場合は、部屋が奥に引っ込む分暗くなるので、有効採光面積＝
縁側の窓面積×採光補正係数×7/10として計算します。

[スーパー記憶術]

SUN の光を入れるトップライト
　3倍

縁側は東南アジアの文化
　　10分の7

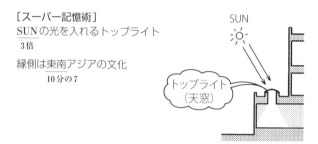

$$有効採光面積＝窓面積×\left\{\left(\frac{D}{H}×□-○\right)×3\right\}$$

$$有効採光面積＝縁側の窓面積×\left\{\left(\frac{D}{H}×□-○\right)×\frac{7}{10}\right\}$$

$$\begin{pmatrix}幅90cm未満なら\\ \frac{7}{10}を掛けなくてOK\end{pmatrix}$$

- 縁側自体は廊下であって居室ではないので、採光は不要です。縁側の奥の居室
の採光は、縁側がある分暗くなるので7/10倍しなければなりません。3倍、0.7
倍は令20・2本文にあります。
- トップライトのD/Hは、トップライト上部の突出部で普通にD/Hを計算するの
と同時に、トップライトの幅と天井までの深さをそれぞれDとHとしてD/Hを計
算し、厳しい方、小さい方の数値を採用します。

Q 地階の居室の場合、採光、換気はどうする？

A 換気は機械換気でも可能ですが、採光の必要な居室の場合は、下図のようなドライエリア（空堀：からぼり）をつくって窓をとります。

換気は機械でできますが、採光は穴を掘ってドライエリアをつくるほかありません。

（空堀）ドライエリアで採光をとるのか

二重にして水や湿気の浸入を防ぐ

地階の居室

9
居室

- 法29、令22の2・一にあります。
- 地階の居室は湿気が入りやすいので、壁、床を二重にして、水を1カ所に集め、ポンプで出すなどの工夫が必要となります（令22の2・二）。

R279 換気設備　その1

Q 換気にはどんな種類がある?

A 法規的には、窓や開口による換気、自然換気設備、機械換気設備、中央管理方式の空気調和設備の4種があります。

窓などの開口部による換気は、居室の床面積の1/20以上必要とされています。

[スーパー記憶術]
二重に囲うと換気に悪い
20分の1

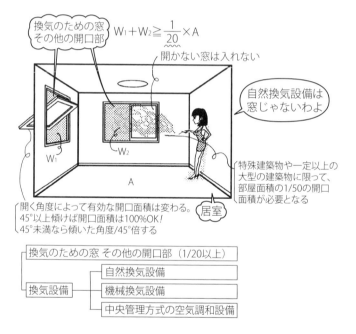

換気のための窓 その他の開口部　$W_1 + W_2 \geq \dfrac{1}{20} \times A$

開かない窓は入れない

自然換気設備は窓じゃないわよ

特殊建築物や一定以上の大型の建築物に限って、部屋面積の1/50の開口面積が必要となる

開く角度によって有効な開口面積は変わる。45°以上傾けば開口面積は100%OK! 45°未満なら傾いた角度/45°倍する

居室

```
換気のための窓 その他の開口部（1/20以上）
              ┌ 自然換気設備
換気設備 ──────┤ 機械換気設備
              └ 中央管理方式の空気調和設備
```

- 窓による換気と自然換気設備を混同しがちなので注意して下さい。自然換気設備は、給気口、排気筒などを使った換気設備です。中央管理方式の空調設備とは、機械換気設備に含まれるもので、換気以外にも温度、湿度、風量などの調整、清浄化などを行います。
- 窓や開口による換気は法28・2、自然換気設備は令20の2・一・イ、機械換気設備は令20の2・一・ロ、中央管理方式の空気調和設備は令20の2・一・ハにあります。

286

Q 自然換気設備とは？

▼

A 下図のように、<u>給気口</u>と<u>排気筒</u>による機械によらない換気設備です。

🔲 排気ファンなどの機械を使わずに、自然の風力、温度などによる気圧差を
使って換気する「設備」です。窓などの開口による換気とは違うので、注
意して下さい。

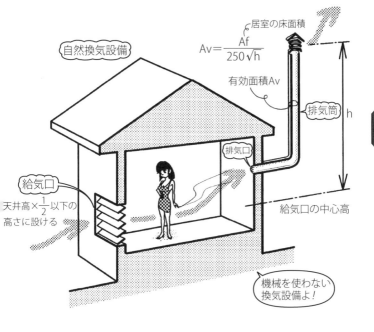

自然換気設備

$$Av = \frac{Af}{250\sqrt{h}}$$

居室の床面積

有効面積Av

排気筒

排気口

給気口

天井高×$\frac{1}{2}$以下の
高さに設ける

給気口の中心高

機械を使わない
換気設備よ！

9
居室

● 自然換気設備の詳しい基準は、令20の2・一・イと令129の2の5・1にあります。

Q 自然換気設備が使えない居室は?

A 劇場、映画館、演芸場、集会場などの居室です。

 人間の数が多くて自然換気だけでは不十分、建物が閉鎖的な構造のため、自然換気設備の設置が難しいなどの理由からです。

- 法28・3と令20の2・一から、自然換気設備は法別表1の(い)欄(1)項用途の特殊建築物の居室には使えないことになります。

Q 第3種換気とは?

A 下図のように、排気だけ機械換気設備とした換気法です。

💠 排気だけ機械換気とすると、気圧は大気圧より低くなり（負圧）、空気を吸い出しやすくなります。キッチン、トイレ、浴室などで一般的に使われています。

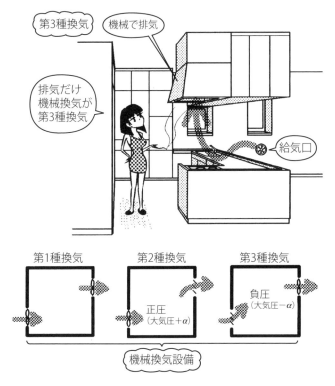

9

居室

- 給気、排気ともに機械換気とするのが第1種換気。室内空気の流れをコントロールしやすく、空気圧の制御をすることも可能な換気方法です。
- 給気のみを機械換気とするのが第2種換気。給気のみを機械とすると、気圧が大気圧よりも高くなり（正圧）、排気口から埃などが入りにくくなります。手術室や工場のクリーンルームなどで使われます。
- 令129の2の5・2・一に、機械換気設備は「換気上有効な給気機及び排気機、換気上有効な給気機及び排気口又は換気上有効な給気口及び排気機を有すること」とあります。この順番に1種、2種、3種となります。

Q 中央管理方式の空気調和設備とは?

A 機械換気設備の一種で、換気以外に空気の清浄、温湿度と風量の調整も行うことのできる空調設備です。

換気、温湿度、風量などを1カ所に一括して管理するので、中央管理方式と呼ばれます。エアハンドリングユニット+ボイラ+冷凍機などの大型の空調設備と、各室へのダクト(風道)によって構成されています。

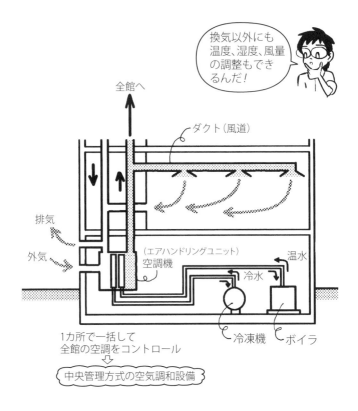

換気以外にも温度、湿度、風量の調整もできるんだ!

全館へ

ダクト(風道)

排気

外気

(エアハンドリングユニット)
空調機

温水

冷水

冷凍機　ボイラ

1カ所で一括して
全館の空調をコントロール
⇩
中央管理方式の空気調和設備

● 令129の2の5・3に基準があります。

Q ホルムアルデヒド発散建築材料で、使用制限なしのものはある？

A F☆☆☆☆と表記された建築材ならば、使用制限はありません。

ホルムアルデヒド発散量によって、<u>第1種</u>（F☆）、<u>第2種</u>（F☆☆）、<u>第3種</u>（F☆☆☆）、その他（F☆☆☆☆）に区分されています。第1種は使用禁止、第2種、第3種は使用制限があります。

発散量
少 ・その他　　　　　　　　　F☆☆☆☆ →制限なし

・第3種ホルムアルデヒド　F☆☆☆ ┐
　発散建築材料　　　　　　　　　　├→使用面積制限あり
・第2種ホルムアルデヒド　F☆☆ ┘
　発散建築材料

多 ・第1種ホルムアルデヒド　F☆ ───→使用禁止
　発散建築材料

9
居室

● 令20の7に区分法と使用制限の内容があります。F☆☆などの表記はJIS、JASによるものです。板の表面や塗料の缶などに印刷されています。F☆☆☆☆表記のものを使えば問題はありません。

Q シックハウス対策のために24時間機械換気は必要？

A 必要です。

ホルムアルデヒドは家具などからも発散されるため、居室を有するすべての建築物で24時間の機械換気が必要となります。

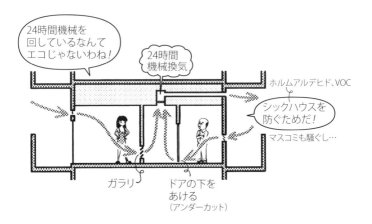

24時間機械を
回しているなんて
エコじゃないわね！

24時間
機械換気

ホルムアルデヒド、VOC

シックハウスを
防ぐためだ！

マスコミも騒ぐし…

ガラリ

ドアの下を
あける
（アンダーカット）

- ホルムアルデヒドやVOC（揮発性有機化合物、volatile organic compounds）によって目がチカチカする、のどが痛い、めまい、吐き気、頭痛がするなどの症状が起こることをシックハウス症候群といいます。
- 令20の8に、シックハウス対策のための機械換気設備の基準があります。1時間に何回空気が入れ替わるかを表す換気回数は、住宅の居室では0.5回以上、それ以外は0.3回以上です（令20の8・1・一）。

Q 居室以外の火気使用室では、換気設備は必要？

A 居室であるか否かにかかわらず換気設備が必要となります。

給気口+排気口+排気筒か、排気フード+換気扇か、天井近くの換気扇による換気となります。

- 令20の3に火気使用室の換気設備に関する基準があります。室内の空気を使わず、室内に排気ガスを出さない「密閉式燃焼器具」の場合は、換気設備を設けなくてもOKです。そのほか、発熱量が一定以下の小規模燃焼器具の場合も、換気設備は不要となります。

Q 居室の<u>天井高</u>は？

▼

A 2.1m以上必要です。

居室でないトイレ、廊下、納戸などの天井高の規定はありません。

・令21・1に「居室の天井の高さは、2.1m以上でなければならない」とあります。
条文ナンバー「21」と一緒に2.1m以上を覚えておきましょう。

Q 天井や床に凹凸がある場合の天井高は?

A 平均の高さを天井高とします。

平均の高さは、体積で考えます。部屋と同じ形の底面の上に立つ直方体を考えます。直方体の体積が、部屋の体積と同じになるようにした場合の高さが、平均の天井高となります。

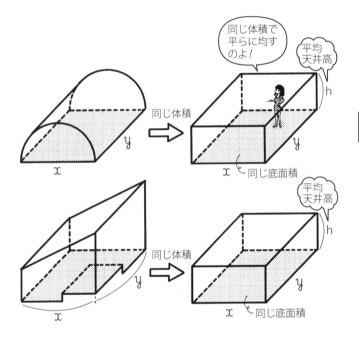

• 令21·2には「平均の高さによるものとする」としか書かれていません。片流れの天井などは簡単ですが、床まで凹凸がある場合は、多少の計算が必要です。水でたとえると、理解しやすくなります。複雑な形の部屋に水をいっぱいに入れてから取り出します。その同じ水を、部屋と同じ底面積の水槽に入れます。その水の高さが平均天井高となります。

Q 最下階の床が木造の場合、すぐ下の地面からいくら上げる？

A <u>45cm以上</u>、上げます。

木造の床は湿気で腐りやすいので、地面から床を上げて、通気をとります。床下に盛り土した場合は、その土の上から45cm以上とります。コンクリートを打つなどの防湿上の対策をした場合は、45cm未満でもOKです。

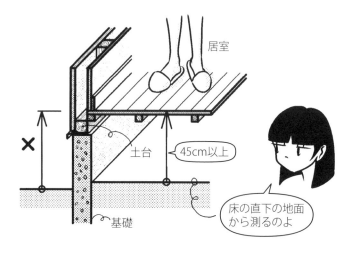

居室

土台

45cm以上

基礎

床の直下の地面から測るのよ

● 令22にあります。床下は水が入りにくいように、盛り土することがあります。その場合は、盛り土の上から床までが45cm以上必要となります。地盤面からの高さではないので、注意して下さい。床高のほかに、換気口の位置と大きさの指定もあります。

Q 構造強度（令3章）の2つの規定とは？

▼

A 仕様規定と構造計算規定です。

🔲 仕様規定とは、木造には土台を設ける、壁量は何cm以上必要などの、具体的な仕様が書かれたもの。構造計算規定とは、荷重や応力計算などの計算の仕方が書かれたものです。

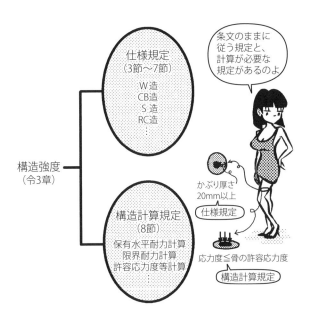

10

構造

● 令3章の3〜7節が仕様規定、8節が構造計算規定です。

Q 耐久性等関係規定とは?

A 構造の仕様規定の中でも、耐久性に大きな影響を与える、常に守らなければならない重要な規定のことです。

計算精度の高い計算である限界耐力計算、時刻歴応答解析などを行った場合、構造仕様規定をすべて満たす必要はなくなります。その場合でも守らなければならない規定が、耐久性等関係規定です。コンクリートのかぶり厚さなどの、耐久性の確保などに関係する仕様規定です。

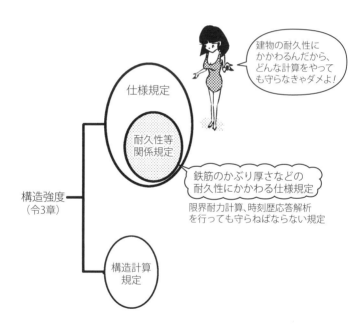

建物の耐久性にかかわるんだから、どんな計算をやっても守らなきゃダメよ!

仕様規定

耐久性等関係規定

鉄筋のかぶり厚さなどの耐久性にかかわる仕様規定

限界耐力計算、時刻歴応答解析を行っても守らねばならない規定

構造強度（令3章）

構造計算規定

● 令36・1にリストアップされた条文群が、耐久性等関係規定です。本文に、耐久性等関係規定の用語があります。荷重や外力に対して構造上安全であること、構造部材、基礎、基礎杭を安全なものにすること、屋根葺き材等の緊結、使用する木材に耐力の欠点がないこと、柱の防火被覆、コンクリートの硬化や強度、コンクリートの養生、コンクリートの型枠や支柱の取り外し、鉄筋のかぶり厚さ、鉄骨のかぶり厚さなどです。

Q 固定荷重、積載荷重とは?

A 建物本体の重さが固定荷重、家具、荷物、人間などの重さが積載荷重です。

人間にたとえると、体重が固定荷重で、荷物の重さが積載荷重です。

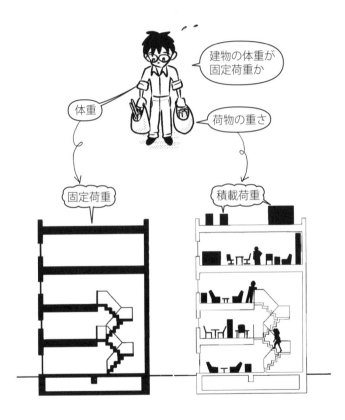

建物の体重が
固定荷重か

体重

荷物の重さ

固定荷重

積載荷重

10
構造

• 令84に固定荷重、令85に積載荷重の 1m² 当たりの数値があります。

Q <u>長期荷重</u>、<u>短期荷重</u>とは？

A 固定荷重＋積載荷重が長期荷重、長期荷重に積雪荷重、風圧力、地震力を加えたものが短期荷重です。

建物自体の重さである固定荷重と、荷物の重さである積載荷重を加えたものが、常時、長期的に掛かっている荷重です。それに対して暴風時、地震時、積雪時に短期的に掛かる荷重を加えたものが、非常時に短期的に建物に加わる短期荷重です。

長期荷重の上にさらに加わるのか

固定荷重

積載荷重

ビュー

積雪荷重

風圧力

グラグラ

地震力

長期荷重 ＝固定荷重＋積載荷重

常時の荷重

短期荷重 ＝長期荷重＋積雪荷重
＝長期荷重＋風圧力
＝長期荷重＋地震力

非常時の荷重

- 令82・二の表で、長期に生じる力が長期荷重、短期に生じる力が短期荷重です。短期荷重は、常に掛かる長期荷重に地震力などを足し算します。短期荷重の中には長期荷重が含まれているので注意して下さい。
- 多雪地域の場合は、長期荷重に積雪荷重を入れることがあります。長い期間、雪が積もっているからです。

Q 応力とは?

A 荷重などの外から加わる力に対して、構造体内部に発生する力のことです。

　消しゴムを指で押すと、指から消しゴムに荷重が掛かります。消しゴム内部を切り取って考えると、やはり押す力が働いているはずで、その内部に発生する「内力」が「応力」と呼ばれるものです。外部からの力に「応」じて発生する「力」なので応力です。

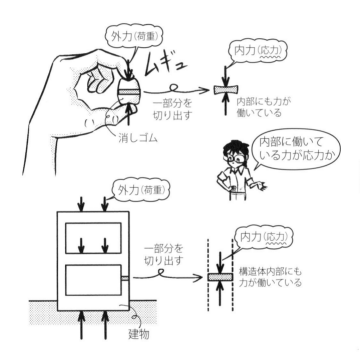

10
構造

● 物理では、ある物体に外から加わる力を外力、外力によって内部に発生した力を内力といいます。建築では外力のことを荷重、内力のことを応力と呼ぶのが一般的です。

Q 応力度とは?

A 1mm²、1cm²、1m²などの単位面積当たりの応力です。

消しゴムの切断面に働く応力は、断面全体に分散されます。断面が大きいと、応力は分散されます。応力がいくら大きくても、断面が巨大ならば消しゴムはつぶれません。応力を単位面積に分解したものが応力度です。

• 応力度の度は、人口密度の度と同じ意味です。人の密集度を比較するには、人口を面積で割らなければなりません。同様に、応力の働き具合を比較するには、断面積で割る必要があります。

Q 許容応力度とは？
▼
A 計算で出された応力度が超えてはいけない、法律で決めた限度です。

許容応力度は、壊れるときの応力度（材料強度）を基準として、それに安全を見込んで決められます。柱、梁などの断面を仮定し、荷重→応力→応力度と計算して、各部分の応力度が決められた許容応力度以下であることを確認します。

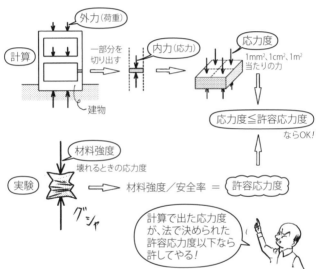

10
構造

● コンクリート、鋼、木材などの材料、また圧縮、引張り、せん断、曲げなどの応力度の種類、長期、短期の種類で許容応力度が異なります。許容応力度、材料強度は令89〜99にあります。

Q 層間変形角とは？

A 地震力によって各階がどれくらい傾くかの比率です。

計算で出された地震力が横から掛かった場合の「横の変位／階高」が、
層間変形角です。1/200以下でなければなりません。

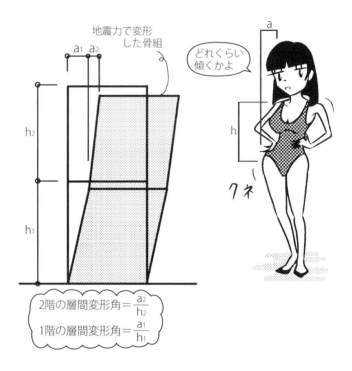

地震力で変形した骨組

どれくらい傾くかよ

クネ

$$2階の層間変形角 = \frac{a_2}{h_2}$$

$$1階の層間変形角 = \frac{a_1}{h_1}$$

● 建物の変形を一定量以下に抑えようとする規定です。仕上げ材が構造の変位に
追従する場合は、層間変形角は1/120以下とすることができます。令82の2の
規定です。

Q 剛性率、偏心率とは？

A 高さ方向における剛性のバランスを見る指標が剛性率、平面方向における剛性のバランスを見る指標が偏心率です。

🧊 剛性とは変形のしにくさ、固さを表します。平面方向でも高さ方向でも、建物全体でバランスよく固く、バランスよく柔らかい方がいいわけです。

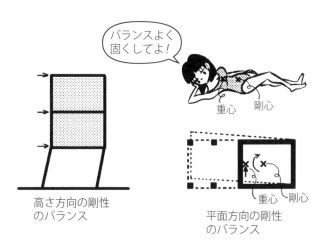

高さ方向の剛性
のバランス

平面方向の剛性
のバランス

10

構造

● 平面方向で、質量の中心である重心と固さの中心である剛心が離れていると、地震の力は重心に掛かるので、剛心の周りで回転してしまいます。剛性率、偏心率には複雑な計算式があり、令82の6、昭55建告1792にあります。

Q 構造計算の流れは？
▼
A 大まかには下図の3つのルートがあります。

どのルートを選ぶかは、規模などから決まります。荷重を拾い出してから各断面での応力、応力度を計算して、許容応力度以下であることを確認するのが基本です。さらに、層間変形角→剛性率・偏心率と進む場合と、層間変形角→保有水平耐力計算へと進む場合もあります。

[スーパー記憶術]
2次試験の確 率を確 保する
2次設計　　角・率　　角・保

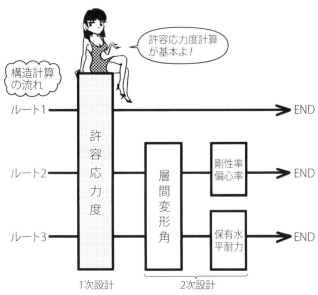

* 保有水平耐力とは、大地震時に崩壊する際に抵抗しようとする水平力で、必要保有水平耐力以上でなければなりません。必要保有水平耐力=各階の構造特性係数×各階の形状特性係数×地震力で求められます（令82の3）。
* 上記の3ルート以外にも、時刻歴応答解析法、限界耐力計算などがあります。

Q 木造で壁量とは？

A 実際の長さに筋かいに応じた倍率を掛け、桁行方向（けたゆきほうこう：長手方向）、張り間方向（はりまほうこう：短手方向）を別々に集計したものです。

壁の長さをそのまま足し算するのではなく、壁内部の構造の種類によって、壁の有効長さを変えます。筋かいの効き具合によって、実寸よりも長くしたり短くしたりするわけです。

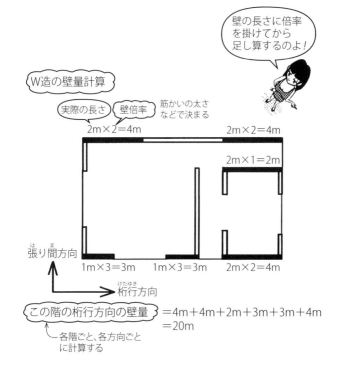

壁の長さに倍率を掛けてから足し算するのよ！

W造の壁量計算

実際の長さ　壁倍率　筋かいの太さなどで決まる

2m×2＝4m　　　　　　　　　　　2m×2＝4m

2m×1＝2m

張り間方向

1m×3＝3m　　1m×3＝3m　　2m×2＝4m

桁行方向

この階の桁行方向の壁量 ＝4m＋4m＋2m＋3m＋3m＋4m
　　　　　　　　　　　　＝20m

各階ごと、各方向ごとに計算する

10
構造

- 令46・4は令3章3節の木造の仕様規定のところにあり、令8節の構造計算の条文ではありません。厳密な意味では構造計算ではなく、壁量を増やして地震、台風に強くしようとした仕様規定です。小規模な木造では応力計算を省いて、簡易的な壁量計算ですませます。
- 壁の長さは、壁端部にある柱の芯から、もう片方にある端部の柱の芯までの距離で測ります。

Q 木造の必要壁量はどうやって求める?

A 地震力に対する必要壁量は各階の床面積に係数を掛け、風圧力に対する
必要壁量は壁と直交する立面の見付け面積に係数を掛けて求めます。

地震力は、建物の重さに比例して大きくなります。重さは床面積にほぼ比
例するので、床面積に係数を掛けて必要壁量を出します。
暴風時の風圧力は、風に対して直角に立つ壁に対して働きます。その壁
面が大きいほど風圧力は大きくなるので、壁の見付け面積に係数を掛け
て必要壁量を出します。

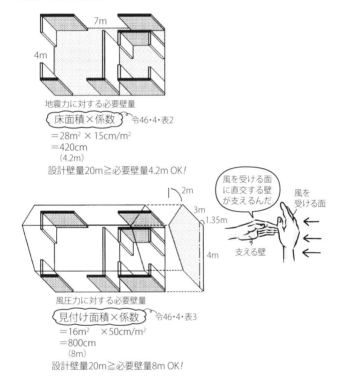

地震力に対する必要壁量

$\boxed{\text{床面積×係数}}$ 令46・4・表2

=28m² × 15cm/m²

=420cm
 (4.2m)

設計壁量20m≧必要壁量4.2m OK!

風を受ける面
に直交する壁
が支えるんだ

風を
受ける面

支える壁

風圧力に対する必要壁量

$\boxed{\text{見付け面積×係数}}$ 令46・4・表3

=16m² × 50cm/m²

=800cm
 (8m)

設計壁量20m≧必要壁量8m OK!

● 壁量計算は令46にあります。風圧力に抵抗する壁は、風を受ける面に垂直な壁
です。張り間方向の壁が風を受ける場合は、桁行方向の壁が抵抗するわけです。
よって、桁行方向の必要壁量を計算する際には、張り間方向の壁の見付け面積
に係数を掛けて計算します。係数を掛ける際は、その階の床面上1.35mから下
の壁面積はカウントしません。

Q 木造の壁量が充足しても配置のバランスが悪いと、ねじれの原因となって不適格となる。そのバランスはどうやって見る？

A 平面の両端から1/4の部分（側端部分）の壁量が偏っていないかを見ます。

壁のバランスが悪いと、ねじれが生じてしまいます。ねじれないようにするには、平面周縁部にバランスよく壁が配される必要があります。壁が中央付近に配されると、倒れには抵抗できても回転するねじれには抵抗できません。基準法では、その側端部は平面の両端から1/4の部分で考えます。下図の**Y**方向の壁のバランスは、左の側端部分には1枚、右には3枚とバランスが悪いと判断されます。

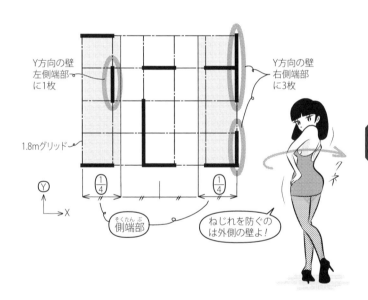

Y方向の壁
左側端部
に1枚

Y方向の壁
右側端部
に3枚

1.8mグリッド

側端部
（そくたんぶ）

ねじれを防ぐの
は外側の壁よ！

10
構造

• 正確には左の側端部における壁量充足率と右の壁量充足率を出し、（小さい方の充足率）/（大きい方の充足率）が**0.5**未満だとバランスが悪く不適であるとします。なお側端部における必要壁量は側端部の面積×係数で出し、実際の壁量/必要壁量で算出します（平12建告1352）。

Q 特定天井とは？

A 一定の高さ、面積、質量を超える天井のことで、構造方法が定められています。

東日本大震災（2011年）で天井落下によって死傷者を出したことに対応して、人が日常立ち入る場所で高さ6m超、面積200m²超、質量2kg/m²超の天井を特定天井として、規制を加えることにしました。具体的仕様は壁との間にクリアランス（隙間）をつくって横揺れ防止に斜め材を入れる方法、クリアランスなしで斜め材なしの方法があります。そのほかに構造計算や大臣認定による構造方法があります。

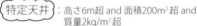

特定天井：高さ6m超 and 面積200m²超 and
　　　　　質量2kg/m²超

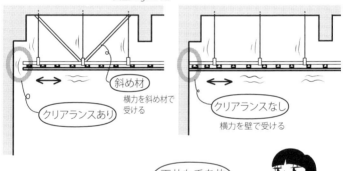

斜め材
横力を斜め材で
受ける

クリアランスあり

クリアランスなし
横力を壁で受ける

天井も手を抜
かないでよ！

• 特定天井の用語は令39・3にあり、具体的仕様は平25国交告771に記されています。

索引

原口秀昭（はらぐち　ひであき）

1959 年東京都生まれ。1982 年東京大学建築学科卒業、86 年同大学修士課程修了。大学院では鈴木博之研究室にてラッチェンス、ミース、カーンらの研究を行う。現在、東京家政学院大学生活デザイン学科教授。

著書に『20 世紀の住宅－空間構成の比較分析』（鹿島出版会）、『ルイス・カーンの空間構成　アクソメで読む 20 世紀の建築家たち』『1 級建築士受験スーパー記憶術』『2 級建築士受験スーパー記憶術』『構造力学スーパー解法術』『建築士受験　建築法規スーパー解読術』『マンガでわかる構造力学』『マンガでわかる環境工学』『ゼロからはじめる建築の［数学・物理］教室』『ゼロからはじめる［RC 造建築］入門』『ゼロからはじめる［木造建築］入門』『ゼロからはじめる建築の［設備］教室』『ゼロからはじめる［S 造建築］入門』『ゼロからはじめる建築の［インテリア］入門』『ゼロからはじめる建築の［施工］入門』『ゼロからはじめる建築の［構造］入門』『ゼロからはじめる［構造力学］演習』『ゼロからはじめる［RC＋S 構造］演習』『ゼロからはじめる［環境工学］入門』『ゼロからはじめる［建築計画］入門』『ゼロからはじめる建築の［設備］演習』『ゼロからはじめる［RC造施工］入門』『ゼロからはじめる建築の［歴史］入門』『ゼロからはじめる［近代建築］入門』（以上、彰国社）など多数。

筆者ウェブサイト：ミカオ建築館　https://mikao-investor.com

ゼロからはじめる **建築の[法規]入門 第3版**

2011年 7月10日　第1版発　行
2019年 8月10日　第2版発　行
2021年 6月10日　第3版発　行
2023年10月10日　第3版第2刷

著　者	原	口	秀	昭
発行者	下	出	雅	徳
発行所	株式会社	**彰**	**国**	**社**

著作権者との協定により検印省略

自然科学書協会会員
工学書協会会員

Printed in Japan

ⓒ原口秀昭　2021年

162-0067 東京都新宿区富久町8-21
電　話　　03-3359-3231（大代表）
振替口座　00160-2-173401

印刷：三美印刷　製本：中尾製本

ISBN978-4-395-32168-1 C3052　https://www.shokokusha.co.jp